HAN RYNER

la sagesse qui rit

Le monde moderne

Au grand Romain Rolland
que j'ai eu la joie de
citer (pp. 162 et 198)
avec toute mon
affectueuse admiration
[illegible]

LA SAGESSE QUI RIT

DU MÊME AUTEUR

CHEZ LES MÊMES ÉDITEURS :

L'Aventurier d'Amour, roman contemporain.

CHEZ DIVERS ÉDITEURS :

L'ingénieux Hidalgo Miguel Cervantès (G. Crès).
Les Voyages de Psychodore (Crès).
La Vie éternelle (Radot).
L'Amour plural (Radot).
Chère Pucelle de France (Radot).
L'Autodidacte (Monde Nouveau).
Les Synthèses suprêmes (Monde Nouveau).
Le Drame d'être deux, en collaboration avec Aurel (Le Fleuve).
Le Crime d'obéir (L'Idée Libre).
Petit Manuel individualiste (L'Idée Libre).
Le Subjectivisme (L'Idée Libre).
Les Apparitions d'Ahasvérus (L'Idée Libre).
Le Cinquième Evangile (L'Idée Libre).
Les Paraboles cyniques (L'Idée Libre).
Le Père Diogène (L'Idée Libre).
Les véritables Entretiens de Socrate (L'Idée Libre).

POUR PARAITRE :

Le Rire du Sage.

HAN RYNER

LA SAGESSE QUI RIT

LES ÉDITIONS DU MONDE MODERNE
PARIS — 79 *BIS*, RUE DE VAUGIRARD

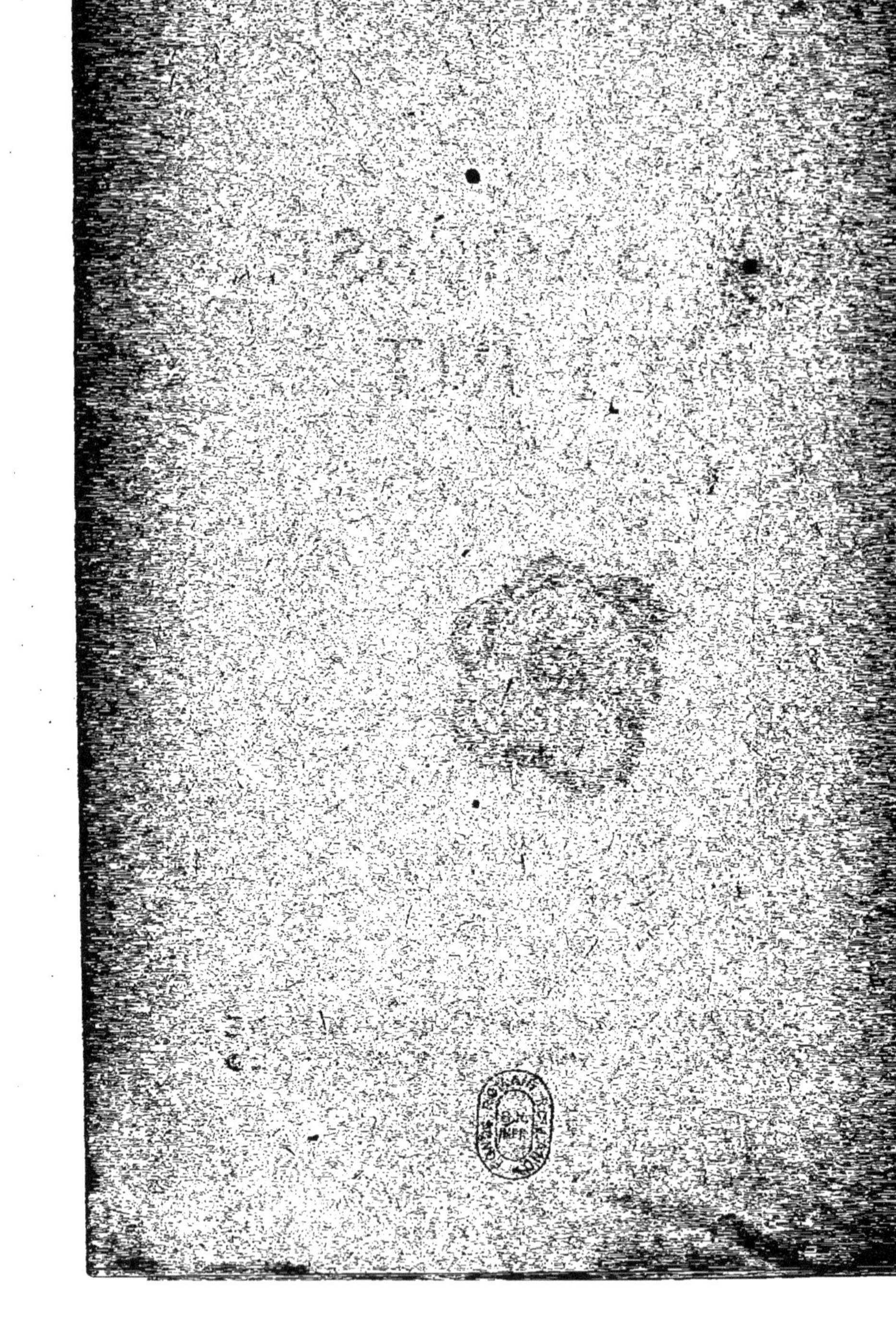

Il a été tiré de cet ouvrage vingt-deux exemplaires sur hollande des papeteries Pannekoek de Hilsum (Pays-Bas) dont 10 numérotés de 1 a 10 et 12 marqués H. C., et soixante-quinze exemplaires sur velin bouffant numérotés de 11 a 85. Ces quatre-vingt-cinq exemplaires constituant proprement et authentiquement l'édition originale de

LA SAGESSE QUI RIT

CHAPITRE PREMIER

L'Art de Vivre et la Science de la Vie

Le livre que je tente d'écrire, le voici devant moi, tout écrit. Je le commençai vers le commencement du siècle. Bientôt les difficultés entrelacées m'arrêtèrent. Mille obstacles railleurs conseillaient d'abandonner l'entreprise. Je ne les écoutai point. Je n'eus pas non plus la vaillance de multiplier sans repos tant d'assauts pénibles. Malgré insatisfactions et doutes, je m'imposai d'aller, en négligeant les points trop abrupts, jusqu'au bout du voyage. Je reviendrais ensuite, à loisir, étudier tantôt l'une, tantôt l'autre des questions réservées. J'envahissais le plat pays et de petites armées d'inquiétudes assiégeaient les places fortes. Quand je relus les pages entassées, trop de conquêtes me semblèrent apparentes; trop de citadelles, imprenables. Je me détournai vers des ouvrages plus souriants.

Cependant je n'oubliai jamais ce livre. Une semaine a-t-elle passé sans que j'aie noté quelque solution de détail, quelque problème nouveau, quelque aspect inaperçu jusque-là?... Parmi ces notes tâtonnantes, je retrouve, qui essaient de les ordonner, onze plans d'époques différentes et inégalement développés. De 1909 à 1925, j'ai employé chaque mois de septembre à errer parmi ces ruines et ces constructions interrompues, relevant ici un pan de mur, en abattant un autre là. Travail préliminaire et incertain, vas-tu me soutenir ou me nuire? Bégaiements venus de moi et qui parfois me semblez si étrangers, êtes-vous lumières pauvres mais durables que le rapprochement enrichira et qui m'aiderez à voir ma pensée? êtes-vous ces éclairs dont la brusquerie aveugle et laisse derrière elle un horizon plus obscur?....

Le long intérêt que je porte à mon sujet, je l'ai manifesté bien des fois au dehors. Les héros de mes romans de libre invention ou d'imagination historique ont touché à leur façon — ou à la mienne — les questions qui me tourmentent, qui m'irritent, qui me charment. Combien de leurs émotions venaient de mes profondeurs et comme je riais dans quelques-uns de leurs rires. N'arrivait-il point aussi que leurs rires riaient de moi?... Deux brochures (1) furent des tentatives pour saisir ma pensée d'un élan, en une surprise. Et par des méthodes diverses, directes et presque brutales, tournantes et presque poltronnes, je l'ai cherchée, cette pensée, en tant de causeries et de conférences...

Ce qui est devenu plus ou moins public, il me semble prudent de l'oublier. Je trouverais intéressant de chercher sur quel point ma pensée a varié, sur quels points elle est restée la même. Surtout si je parvenais à découvrir, sous le brouillard des années, les causes de mes évolutions, les causes de mes immobilités. Mais un tel examen doit être fait pour lui-même. A le mêler aux questions pratiques et essentielles, je risquerais de diminuer, malgré la volonté la plus pure, la profondeur de ma sincérité. Peut-être cependant, comme on débride une plaie pour la soigner, sur tel sujet douloureux, la confession remplacera ou accompagnera la méditation.

Si mes écritures ne me paraissent pas de nouveau trop insuffisantes, je sais que je les publierai

(1) **Petit manuel individualiste** (écrit en septembre 1903, publié en 1905); — **Le Subjectivisme** (écrit en 1908, publié en 1909).

un jour. Mais cela aussi, cela surtout, je le voudrais oublier. Songer au lecteur entraîne à trop de ruses inconscientes, et à des timidités qui affaiblissent, et à des hardiesses qui dévoient. Cela incite à telles séductions persuasives qui ne vont pas, peut-être, sans dangereuses concessions. Cela soulève d'autoritaires démonstrations qui vous troublent vous-même et vous en imposent. Il y a des vérités que je connais par intuition. Je n'ai aucun moyen de conduire un autre homme au lieu d'où se voit leur resplendissement. Si je songe à cet autre, je cacherai, lâche, le trésor dont l'étranger ne pourra soupçonner le prix. Ou bien, pour empêcher qu'on rie de mes richesses, pour les rendre remarquables et acceptables, je les disposerai dans le mensonge d'un ordre logique et superficiel; je les inonderai de fausses lueurs qui éteindront les véritables lumières. Le lecteur est trop exigeant. Il y a des choses que j'ignore ou qui ne m'intéressent point; mais lui entend que je les connaisse et que je les dise. Ses réclamations créent en moi un intérêt artificiel ou une fausse science.

Pour découvrir les lois physiques, on s'éloigne des conversations et des discussions; on s'enferme au laboratoire; on oublie, aux profondeurs de la recherche solitaire, les hommes, leurs préjugés, les appels de leur industrie puérilement impatiente. Combien plus encore il faut de silence et de paix pour pénétrer aux mystères de la sagesse... D'un halo de lumière moqueuse les frémissantes vérités intérieures débordent les formules les plus larges et les plus souples, loin qu'elles consentent aux précisions lourdes que nécessitent controverse et didactisme.

D'ailleurs, comment ces méditations risqueraient-elles d'être utiles à quelques lecteurs, si elles ne servaient d'abord à celui qui les fait? Vraiment non, je ne sais pas, je ne puis ni ne veux savoir si j'écris pour moi seul ou pour un petit nombre d'intelligences amies. Cela dépendra du jugement que m'inspirera l'œuvre achevée et du bien qu'elle m'aura apporté ou qu'elle m'aura refusé. Ce livre est surtout, est peut-être uniquement, un effort pour m'éclairer moi-même. Lampe naïve que j'allume auprès de la statue dégrossie, est-tu destinée à quitter l'atelier? Peu importe. Ce que je demande à ta tremblante lumière, c'est de permettre de mieux continuer mon travail.

Quel travail et qu'est-ce que je veux? Je veux connaître ma vraie volonté, ma plus profonde et plus chère volonté, afin de la réaliser. Je veux découvrir, afin de l'exercer, l'art de vivre. La statue que je sculpte depuis longtemps, que je veux apprendre à mieux sculpter, quel nom lui donnerai-je? ma Réalisation?... mon Harmonie?... mon Bonheur?... Ces mots, aux profondeurs, ne seraient-ils pas équivalents? S'il ne le sont pas, à mes méditations futures de découvrir lequel exprime le mieux mon aspiration. Mais je préférerai peut-être un autre nom, auquel je ne pense pas au départ, que je découvrirai à quelque coude de la route ou dont la brusque clarté saluera mon arrivée. Peut-être aussi la pauvreté immobile de tous les noms me paraîtra insuffisante à dire les richesses et les flottements de l'être.

L'art de vivre?... Cet art ne doit-il pas s'appuyer sur une science de la vie? Et cette science n'existe-t-elle pas depuis longtemps ou depuis quelque temps? Quelle économie d'effort si j'allais, soit chez les anciens, soit chez les modernes, la trouver toute faite...

Espoir et élan... Apaisons-les... Aux paroles étrangères vers quoi je me précipitais, aux paroles internes aussi, comment distinguerai-je la vérité de l'erreur et du mensonge? Les pays où je vais entrer, je les ai déjà parcourus. Combien de mirages y trompèrent ma soif! Les routes, je me souviens, y sont décevantes. Les plus larges finissent par se perdre confusément dans le désert ou bien, à l'improviste, voici qu'elles pendent sur un abîme. Des guides qui se glorifiaient de ne rien ignorer m'ont égaré. Les méthodes les plus ambitieusement sévères me furent trompeuses comme les tâtonnements de l'aveugle ou les hasards de l'ivresse. Est-ce la cité de Dieu que l'on aperçoit dans tel lointain?... Est-ce un jeu de lumière, une projection du désir, un frémissement de soleil et de vapeur?

Les orgueilleux sont moqués à chaque instant par les fantasmagories. Mais plusieurs continuent à affirmer la plénitude du vide, sans jamais entendre ses railleries. Les confiants sont pipés par je ne sais quelles malicieuses apparences. N'arrive-t-il pas aux méfiants de nier les réalités les plus proches?

Je n'ai, pour essayer de savoir, que ma raison et que mon cœur. Quand ils chanteront un duo harmonieux, j'éprouverai leur accord à des questions et à des objections. Si l'accord persiste, ah! comme joyeusement je croirai. Mais si le chant devient querelle et si mes deux guides se contredisent?...

Je croirai mon cœur. Pourvu que ce soit bien mon cœur qui parle, non mon éducation, mes souvenirs, mes habitudes, mes parents. Pourvu aussi qu'il ait, ce cœur, le courage d'affirmer autre chose que son désir.

Je croirai ma raison. Pourvu que ce soit bien ma raison que j'entende, et non point la Logique, guenon qui si souvent essaie de faire prendre ses grimaces pour le noble visage.

Est-ce que mon cœur et ma raison, si je parviens à les entendre seuls parmi le vaste silence des voix étrangères, se contrediront jamais?

Il me semble que tu pleures, pauvre cœur : tu refuses de renier le passé, et mes parents, et leur affectueuse influence. Ta piété veut rendre vrai ce qu'ils ont cru. Elle veut m'agenouiller devant leur agenouillement. Et toi, ma raison, est-ce que tu n'enlaces pas la logique d'un baiser qui se veut immortel?...

Calme-toi, mon cœur. Je ne renie, dans mon amour, rien de ce que j'aime. La douceur de votre accent m'enveloppe et me pénètre, morts bien-aimés; jamais je ne cesserai d'entendre, comme en un rêve plus réel que ma vie, cette musique profonde. Mais le sens de vos paroles, pourquoi se faisait-il rigide et dogmatique sinon pour soutenir la faiblesse de mon enfance et diriger mon ignorance? Mon enfance passée, vous l'auriez assoupli et estompé; vous m'auriez permis d'écarter telle enveloppe ou tel voile pour aimer, au centre, la signification plus générale et plus durable. Que tentiez-vous de m'enseigner de définitif? Vous me vouliez bon, noble, heureux. Oui, je sais; votre main indiquait, tremblante de la même émotion, le sommet de lumière et le sentier qui vous paraissait y conduire. Mais c'est le but que vous vouliez et, si vous vous trompiez sur le moyen, que pouvez-vous désirer, sinon que je trouve un chemin plus sûr? Mon infidélité apparente, n'y sentez-vous pas la plus aimante des fidélités? Je me souviens, ô mon père, ô ma mère : la foi ne vous avait pas conduits aux sérénités du bonheur. Les cruautés de la société et de la nature vous déchiraient, pensée et cœur. Malgré votre affirmation du futur équilibre, ah! quelle âpreté dans votre façon d'appeler : « Que votre volonté soit faite sur la terre! » O mes chers morts, en des croyances qui croulaient autour de vous, dont, malgré vous, vous sentiez le chancellement, vous trouviez une protection et un apaisement insuffisants. Peut-être l'antique maison fut tiède et douce à qui l'habita jadis. Sur vous, elle laissait pleuvoir un peu de doute et beaucoup de tristesse. J'en suis sorti un jour. Quand j'ai voulu y revenir — pour un pieux pèlerinage ou pour un refuge définitif, je ne savais — je n'ai plus aperçu que ruines. Au seuil des ruines, un cri s'est dressé, archange de flamme qui interdit l'entrée. Rappelle-toi, mère, un souvenir que jusqu'ici j'ai toujours enfermé. Rappelle-toi cette nuit où mourut un de mes frères et quelle clameur réveilla mon sommeil d'enfant. Ah! le blasphème qui ouvrait tes lèvres comme une blessure était plus pieux, plus humain, plus toi, plus ton cœur, que tes coutumières prières. Tes prières, mère chérie, te venaient d'une vieille accoutumance. Non, tes prières n'étaient pas tiennes. La routine te les avait apprises. Elles étaient une de tes limites et une de tes défaites, ces prières où je ne sais qui remuait tes lèvres, de je ne sais quel lointain, à travers je ne sais combien de siècles. Mais ton blasphème, où le doute et la malédiction enlaçaient un nœud douloureux, agitait, lui, une lumière vraiment jaillie de tes profondeurs. Elle m'a éclairé souvent, la lumière de ton abîme.

Je n'osai jamais te dire ma pensée, fille pourtant de ton désespoir et de ton cri. Tu aurais d'abord reculé, effrayée, devant ta beauté et ton courage inconscients. Mais, depuis cette nuit déchirée, j'ai senti impossible que la Cause — tu m'avais appris, parce qu'on te l'avait appris, à la considérer comme unique, à l'appeler Dieu et à lui croire une conscience — fût souverainement bonne et tout ensemble infiniment puissante. Dès lors, je soupçonnai, tremblant d'effroi et de vaillance, qu'un honnête homme est meilleur que les dieux. Les dieux, en ce qu'ils ont de bon, sont les Fils de l'Homme. La bonté est-elle autre chose qu'un rêve de notre cœur, cri de détresse chez les faibles, accueil et appel chez les meilleurs. La beauté est un rêve et une création de nos yeux. Et vous, Justice, Harmonie, ô noblesses de notre seul esprit... La Cause, contradictoire et aveugle, créatrice et destructrice, mère et tombe, n'est ni aimable ni haïssable tant que notre fantaisie ne la modèle pas à l'image de l'homme. Que nos rêves cessent d'être des mensonges et de construire sur la seule fuite des nuages. Qu'ils ne projettent plus, dieux et dogmes, mille ombres trompeuses. Que nos paroles et nos gestes ne se dirigent plus vers des fantômes. Délivrés de tous les fardeaux divins, écartons prières et blasphèmes et préparons-nous à l'action. A l'action héroïque et prudente qui sait ce que je veux, qui sait ce que je peux.

Ma méditation, qui semble m'éloigner des morts bien-aimés, m'en rapproche. Elle les invite à revivre pour se continuer et se mieux entendre qu'ils ne s'entendirent. Dans l'encombrement et le vacarme des phrases apprises, elle découvre et choisit les rares paroles jaillies. Par delà le bruit des répétitions, elle apprend à écouter, dans ce renouveau, le murmure de la source souterraine. La pensée la plus profonde de mes morts et qu'ils ignoraient encore, leur musique la plus intime et qu'ils n'eurent point le temps de découvrir, je m'applique à lui donner une voix. Effort plus pieux que la crédule mémoire. J'offre mon activité et ma maturité, non une passivité pauvre et une enfance vieillissante. Je fais taire les lointains discours dont ils n'étaient que les échos, je brise des dogmes rouillés comme des chaînes et je marche vers les paroles libres de leur silence.

Je serais impie si je m'arrêtais où ceux que j'aime semblent s'être arrêtés. J'ai hérité d'eux un voyage à continuer. Le vivant, c'est celui qui lutte, qui avance, qui se surmonte. M'asseoir où le temps arrêta mes pères, ce serait consentir à leur mort, ce serait rendre vaine l'œuvre qu'ils ont commencée, rendre vain l'amour qui m'enfanta. Je leur restitue la vie qu'ils m'ont donnée. Tant que je vivrai, ils vivront; ils se continueront vaillamment et, par une sincérité chaque jour plus profonde et plus hardie, se renouvelleront. Quand je vois d'autres fils rester longtemps immobiles d'esprit, je pleure sur eux comme sur des tombeaux : tous ceux qui espérèrent vivre en eux sont morts pour les siècles des siècles.

•

Je ne renie pas la logique. Je ne vais pas, si pauvre, renoncer à un de mes rares moyens d'enrichissement. Mais je demande à cette séductrice hautaine de ne me point appauvrir davantage. Elle a la manie de vous saisir par la main et de vous entraîner tyranniquement. Elle défend de regarder à droite ou à gauche. Elle vous met des œillères et elle affirme que la seule route est celle qu'elle fait suivre. Prouvant le sérieux par l'aridité, il lui arrive d'écarter ceux qui ont foi en elle de tous les parfums, de toutes les couleurs, et de la variété souple des corolles, et de la grâce balancée des ombrages, et du frais cantique des sources.

Quand je me sentirai au centre d'une évidence, j'essaierai parfois le tâtonnement logique. Quelques pas seulement, toujours à demi tourné vers la lumière, toujours prêt à me replier vers elle. Je n'oublierai jamais comment, autour de la petite lueur, l'espace ouvre son rayonnement sphérique.

Les chemins qu'on y peut suivre sont en nombre infini; plus la logique les trace rigides, plus ils vont s'écartant les uns des autres.

Maîtresse d'Euclide et d'Edgard Poë, je me livre à toi sans réserve lorsque, nonchalant du réel, je poursuis l'élégance des déductions qui s'enchaînent, ou lorsque, charmé d'un départ poétique, je te demande de transporter mon imagination à travers des régions imprévues.

Mais aujourd'hui je tente œuvre pratique. Je m'interdis toute aventure, tout voyage dans l'abstrait ou dans l'imaginaire. Charge-toi, Logique, du fardeau concret; tourne, hésitante, autour de chaque petite lumière; instruis dans toutes les directions ma tremblante inquiétude. Ne dépassons guère le frémissement des pénombres. Ne nous hasardons pas trop dans les obscurités fécondes en chutes. Il est, proches peut-être, des abîmes d'où l'on ne remonte point, d'où l'on n'aperçoit même plus la modeste clarté que nous tentons en quelque sorte d'élargir.

Logique, ne t'appellerai-je pas l'enfant prodigue? Affirmer une chose, c'est rejeter et nier combien de choses... Que de chemins on supprime pour soi lorsqu'on adopte un chemin. Qui te suit avec une naïve confiance, ô aventureuse, veut tout obtenir d'une seule de ses lumières, d'une seule des directions qu'elle désigne. Il perd mille lumières. S'éloignant de plus en plus de la clarté primitive, ne finit-il pas même par perdre la lumière unique à quoi d'abord tu consentais? Reste la servante discrète et prudente, ô servante dont je me méfie. Ne deviens jamais la maîtresse, ô maîtresse des assourdissements.

Naïve, tu poses la pyramide sur la pointe et tes plus vastes édifices, tu les bâtis sur le sable étroit et mouvant de quelques définitions.

Quelle définition embrassera, sans rien laisser perdre, le trésor fuyant du moindre parmi les mots concrets? Le mot : clarté, qui rayonne une pénombre et, à des distances variables, fait frémir encore les ondes de moins en moins chaudes de l'ombre. Les mouvements de ce vivant, ses attitudes, ses voisinages déplacent lumière, clair-obscur et ténèbres. Dans un jour qui varie et chatoie, il fait jouer tel sens relativement précis, j'allais dire solide. Mais de quelles pluies ou de quels reflets brille et ruisselle ce centre; de quelle atmosphère riante ou ombrageuse il s'environne; quels souffles parfois pénètrent ses replis, les soulèvent, voiles légers ou lourdes draperies et, mêlant les parfums fanés du passé aux fraîches odeurs de l'avenir, découvrent en un éclair les sinueuses profondeurs d'un mystère d'oubli et de prescience... Ce concret que la définition ne saurait épuiser; ce concret, en partie trop ondoyant et fuyant pour qu'elle le puisse saisir ou même pressentir, il arrive pourtant à cette présomptueuse d'y ajouter. Débordée de vingt côtés, la maladroite déborde d'un autre.

J'aime certaine définition sans prétention : sourire et flottement, elle éclaire aux yeux de l'esprit tel objet que les regards du corps n'atteignent point. J'aime la définition dont les tâtonnements descriptifs essaient une évocation.

Mais, au domaine du concret, si ma paresse n'appelle point les lâches repos et les fausses certitudes, j'écarte ce que la logique appelle rigoureusement définition.

Seule la définition précise permet la démonstration. Mais sa précision est une menteuse. A moins que, comme aux mathématiques, la définition construise son objet. Définition, acte de choix et de volonté plus que d'intelligence. Quand je définirai, je saurai que je ne reste plus dans un réel antérieur à mon geste, mais je me suis précipité dans le vide où rien ne gêne le jeu de la création. Si je définis le Bonheur ou la Vie, je saurai que je ne dis plus ce qu'ils sont aux réalités observées, mais ce que je veux qu'ils soient. Peut-être serai-je réduit à cet héroïsme. Du moins, je n'ignorerai pas ce qu'il a d'aventureux, ce qu'il a de trop humain, ce qu'il a d'arbitraire et de personnel. Avant de me résoudre à tant de présomption, essayons des méthodes plus humbles et plus concrètes.

•

Malgré mon effort souvent répété pour me draper au manteau du silence, voici qu'un vent le soulève. Une clameur entoure, assourdit, envahit ma méditation. Celui qui hésite au carrefour, comment éviterait-il les conseils discords des voyageurs qui savent ou croient savoir?

Des voix nombreuses m'appellent : — Viens avec moi, homme de bonne volonté. Viens, que je t'apprenne la science certaine de tes devoirs certains.

— Où avez-vous puisé votre certitude, ô mes maîtres?

Les voix répondent diversement. Elles parlent les unes de révélation; les autres, de vérités éprouvées. Les morales proclamées appuient leur certitude sur des certitudes plus profondes, théologiques, métaphysiques, scientifiques. Et elles commencent leurs démonstrations. Mais je les écarte pour un instant.

— Taisez-vous... Tout à l'heure... Laissez-moi méditer mes primes inquiétudes.

Et laissez que je sache — puisque vous vous présentez nombreuses, impérieuses envers moi, contradictoires et injurieuses les unes aux autres — quelle attitude il me convient de garder devant vous.

Votre accent affirmatif, je l'ai connu à tant de fous et de charlatans... Plusieurs d'entre vous me heurtent par je ne sais quoi de criard; ou vous me révoltez par des menaces tyranniques; ou vous me dégoûtez par des promesses de courtisanes.

Une odeur de populace et de bassesse monte de votre assemblée. Je vous écouterai pourtant avec une attention profonde. Pas l'attention du disciple. N'attendez point surtout que je tremble des grands espoirs et des grandes craintes que vos clameurs politiciennes veulent inspirer.

Ah! comme quelques-unes d'entre vous sont « réunion publique » et comme vos manières envahisseuses me mettent sur mes gardes.

Vous écouterai-je donc hostilement, dans un

désir guetteur de surprendre vos faiblesses et de vous frapper au point mortel?... Ma méthode sera plus pacifique. Je ne chercherai à tuer aucune doctrine. Plusieurs — qui sait? — pourront me servir : je les accueillerai et tenterai de les harmoniser. Celles qui me nuiraient, je n'éprouve pas le besoin de les détruire; il me suffit de les écarter. Il n'y aura pas ici un combat avec vainqueur et vaincu. Des amis viendront, je l'espère, que je recevrai dans la joie. Des ennemis déguisés surgiront aussi, je le crains, et des fous. Mais la clarté de mon regard et la claire fanfare de mon rire ne suffiront-ils pas à les chasser?

... Vraiment, dépend-il de moi qu'il n'y ait pas combat? Dépend-il de moi que je ne sois pas conquis? L'une des morales qui me déplaisent à première vue ne va-t-elle pas opposer à ma répugnance, imposer à mon esprit quelque argument irrésistible? Est-ce que je pousserais l'amour de la liberté jusqu'à la mauvaise foi? Est-ce que je m'accorderais le droit de rejeter une démonstration rigoureuse et scientifique?

Si je rencontre une vraie démonstration, mes répugnances instinctives tomberont et j'accueillerai, reconnaissant, le trésor de certitude.

Puis-je espérer une telle rencontre? Suis-je ici au domaine de la science?

Comment résoudre cette question préliminaire? Me voici peut-être contraint d'abandonner dès maintenant une méthode trop imprécise. Pour savoir si l'éthique entre dans la classe des sciences plutôt que dans celle des arts, ne faut-il pas que je définisse les mots science, art, éthique?

A définir de tels mots, que de connaissances je me supposerais et que d'ignorances? Définis, me dit le logicien, par le genre prochain et la différence spécifique. Ai-je du genre, de l'espèce, de la différence, des idées plus claires que de la science, de l'art ou de l'éthique? Les mots qui serviraient aux définitions me seraient-ils plus lumineux que les termes définis?

Le défini est un mot; la définition, plusieurs mots. Si j'ai dû définir le premier, qui me dispensera de définir les seconds et, après les seconds, ceux qui auront servi à les définir?

Nous voici au rouet, dirait Montaigne. Si ma lâcheté recule d'abord, elle me condamne au recul à l'infini. Seule ma paresse permettra de m'arrêter, chuchotera, quand je serai fatigué de multiplier les énigmes, que j'ai éclairci le problème.

Pour appuyer sur des définitions un raisonnement qui ne croule pas au choc de la réalité, il faudrait qu'elles fussent, mes définitions, adéquates, comme disent ces messieurs de la logique. Pour peu qu'elles débordent le défini ou se laissent déborder par lui, mon raisonnement sera une chaîne d'erreurs. Comment serai-je sûr que mes définitions seront adéquates?

Je suis certain qu'elles ne le peuvent être.

Au domaine mathématique, les définitions sont exactes. La définition, ici, est la parole puissante qui crée l'objet. Elle le crée à son image et limité par elle-même. Elle dit, franche de toute possibilité d'erreur, ce que serait une ligne s'il pouvait y avoir des lignes sans largeur ni épaisseur; ce que serait un cercle, si jamais on rencontrait un cercle parfait. Elle dit ce que je veux que la ligne ou le cercle soient dans mon esprit.

Au domaine du concret, l'objet existe avant ma tentative pour le définir, et le moindre concret, les logiciens eux-mêmes ont dû s'en apercevoir, se manifeste inépuisable. Mon étude ne saisit jamais qu'une partie de ses propriétés et de ses rapports. Dans ce qu'elle saisit, elle choisit, non peut-être sans arbitraire, certains caractères qu'elle proclame essentiels. Supposons généreusement qu'elle hiérarchise sans erreur les caractères connus. Oserai-je affirmer que nul caractère plus essentiel ne se cache aux recoins où ne pénètre point ma lumière?

Ma définition crée toujours, à côté de l'objet concret, un objet abstrait. Les raisonnements que j'appuie sur elle valent pour ma création, non pour l'objet antérieur à ma création; valent pour ce que je pense, non pour ce qui est en dehors de moi.

Seule la définition permet la discussion serrée, celle où il y aura vainqueur et vaincu, celle où des conclusions s'imposeront. De telles discussions sont jeux arbitraires. Voyez comme, après le combat, le vaincu reste mécontent et incertain. Il ne se sent donc pas enrichi? Et ,si le vainqueur est persuadé, son orgueil ne fait-il pas la moitié de sa certitude? Avant de commencer le duel, on avait délimité le terrain. Quel moyen de savoir si les délimitations consenties sont ou non dans la nature des choses?... Pour que j'accepte une définition de quoi que ce soit de concret, il faudrait que j'eusse grand appétit de me battre. Que prouverait un tel appétit? Mon courage, croyez-vous. Ma sottise plutôt. Une sottise qui ne serait pas exempte de couardise. Une sottise qui consentirait à l'arbitraire « pour en finir », qui consentirait à considérer comme fermé un cercle dont je sais bien qu'il reste ouvert (1).

Comment donc deciderai-je si je cherche un art de vivre ou une science de la vie?

Modestement j'examinerai quels sont, à mes yeux, les caractères de l'art, les caractères de la science et lesquels me paraissent convenir le mieux à l'application de régler et de conduire sa vie.

Je ne forgerai pas de vraies définitions : je n'établirai nulle hiérarchie entre les caractères observés; je saurai que je n'ai pas épuisé le sujet ni tenté de l'épuiser.

Je n'obtiendrai donc nulle certitude. Mais, hors des mathématiques, toute certitude logique n'est-elle pas mensonge ou erreur?

Je ne tiens pas assez à me tromper pour chercher, hors des mathématiques, des certitudes logiques. Au concret, les certitudes se présentent d'elles-mêmes, intuitivement, dans la paisible clarté du jour ou dans l'éblouissement de l'éclair; ce

---

(1) Dans ma conférence, **Des diverses sortes d'individualisme**, j'ai fait, à un point de vue un peu différent, la critique de la définition; — aux **Véritables entretiens de Socrate**, j'ai tenté de reconstituer, sur le même sujet, l'argumentation d'Antisthène.

qu'on trouve par la méthode garde toujours quelque instabilité; ce qu'on trouve par la méthode s'applique exactement à un symbole abstrait de la réalité, non à la réalité elle-même. Dire méthode, c'est dire conventions connues ou naïvement inconscientes.

Je n'ai pas la prétention d'atteindre une certitude impossible; je n'aurai pas la mauvaise foi d'affirmer que je l'ai atteinte.

La science me paraît une connaissance communicable entièrement. Le disciple y reçoit tout ce que possède le maître. Tant que des catastrophes extérieures ne troublent pas son évolution, la science, il me semble, reste presque régulièrement progressive.

L'art est une discipline autrement individuelle et qui ne saurait se communiquer entièrement. Il exprime des choses profondes, personnelles, particulières à l'artiste. Le disciple n'y égalera le maître que s'il se délivre du maître. C'est pourquoi, sans doute, l'évolution d'un art est beaucoup plus capricieuse que celle d'une science. Ici il n'y a pas de raisons pour qu'Aujourd'hui fasse mieux qu'Hier.

Il n'y a de science que du général. L'art s'efforce de créer des œuvres individuelles. Le savant s'applique à éliminer le plus possible ce qu'il appelle avec dédain et inquiétude « l'équation personnelle ». L'artiste qui n'exprime pas une personnalité ne compte pas.

Même dans une science peu avancée, on trouve quelques points sur lesquels les savants sont d'accord. Sans quoi, il n'y aurait pas encore science. Le progrès de la science consiste pour une part à multiplier ces points solides. En art, le désaccord est éternel. Il y a de belles œuvres dans les sens les plus divers. On trouve des œuvres manquées dans toutes les directions.

Voilà les premiers caractères qui se présentent à ma pensée. Un système commence à se former en moi : si je continuais le double examen, j'ai l'impression que ce que je découvrirais se rattacherait à ce que je viens de formuler.

Impression peut-être fausse. Mais c'est pour moi que j'écris. Je ne suis pas un homme qui enseigne, je suis un homme qui cherche. Si plus tard des caractères de l'art ou de la science se présentent à mon esprit qui contredisent ceux-ci, je n'hésiterai pas à les noter et à les étudier. S'ils renversent mes flottantes conclusions d'aujourd'hui, je saurai conclure autrement ou me passer de conclure.

Entre les existences que j'admire et les œuvres d'art que j'aime, je crois en ce moment découvrir une émouvante parenté. Chaque vie louable me paraît une création nouvelle, la manifestation d'une beauté personnelle. Entre les hommes qui, à diverses époques, ont surveillé leurs actes comme un poète surveille ses paroles, nul progrès ne m'apparaît. Si je préfère Epictète ou Jésus, Spinoza ou Cléanthe, ce sera par un goût tout individuel et je comprendrai chez mon voisin des préférences contraires. Je m'étonnerais si j'entendrais affirmer qu'Archimède savait autant de choses que M. Branly. Tolstoï au contraire ne me paraît pas plus avancé que François d'Assise et l'individualisme d'Ibsen n'est pas plus complet que celui de Diogène. Ainsi l'œuvre d'Homère n'est inférieure à aucune de celles qui ont suivi. Des époques déjà anciennes ont produit des êtres qui me semblent approcher de la perfection et ces harmonies furent réalisées par des méthodes divergentes. Antisthène et Diogène diffèrent d'Epicure et de Métrodore; Zénon, Cléanthe et Epictète diffèrent de Jésus et de Philon : autant qu'une tragédie de Sophocle diffère d'une tragédie d'Eschyle ou d'Euripide; autant qu'une œuvre de Racine s'éloigne d'une comédie de Molière, d'un drame de Shakespeare ou de Calderon. Je garde donc l'impression que vivre est un art, non une science.

Si j'étais de ceux qui affirment volontiers, je déclarerais peut-être : Certains hommes ont voulu imposer des morales, fausses sciences de la vie; mais ceux que j'admire ont connu et pratiqué la sagesse, qui est l'art de vivre.

Art différent de tous les autres, certes, puisqu'ici l'œuvre et l'ouvrier se confondent.

Mais je ne rencontre nulle part une science de l'action; partout les disciplines du désirable me paraissent des arts. Désintéressée au point d'ignorer l'effort téléologique, la science cherche la vérité, non la beauté; ce qui est, non ce que j'aimerais.

Devant les morales qui se prétendent scientifiques, qui affirment et qui ordonnent, je sentais depuis longtemps une répugnance d'immoraliste.

Devant les sagesses qui conseillent et qui harmonisent, j'éprouve, depuis longtemps aussi, un frémissement de désir et d'amour.

Peut-être, quand j'ai cru exprimer des pensées, n'ai-je dit que ces vieux sentiments. Peut-être mes sentiments s'appuyaient sur des pensées obscures, que je viens de faire monter à la lumière de ma conscience.

Je continuerai d'interroger mon esprit et mon cœur. Des méditations diverses et sincères confirmeront peut-être, ou peut-être détruiront ces premières émotions, ces premières pensées.

CHAPITRE II

Rapports de l'Éthique avec la Métaphysique et la Sociologie

Sauf à l'heure de l'action et dans la mesure nécessaire pour l'action, je trouverais présomptueux de croire que j'aie résolu une question d'art ou de sagesse.

Présomptueux, je me permettrai de ne l'être pas beaucoup plus pour les autres que pour moi-même. Admettrai-je exclusivement la théorie et la pratique de Racine jusqu'à ne plus comprendre Shakespeare; ou celles de Shakespeare jusqu'à mépriser Racine? Aurai-je l'absurdité de condamner Jésus au nom d'Epicure ou Epicure au nom de Jésus? J'espère éviter toujours ces intolérances d'écolier d'une école.

Même les questions que j'ai provisoirement résolues dans un sens, je ne m'étonne pas si d'autres les résolvent autrement et je ne me refuse guère, quand je suis de loisir, à les reprendre et à les examiner d'un autre biais.

Je les ai résolues pour moi, pour un moment, en attendant de nouvelles lumières. Je me réjouis quand l'occasion se présente de les exposer dans un jour différent et d'en étudier d'autres aspects.

Ma tendance est de considérer l'effort de bien vivre comme la matière non d'une science, mais d'un art. Cette opinion, d'ailleurs, ne me passionne guère actuellement. Elle prendra peut-être de l'importance à mes yeux, ou elle en perdra, selon qu'elle sera plus ou moins d'accord avec d'autres tendances et d'autres demi-solutions.

Que je doive revenir plus tard vers une morale à forme scientifique ou que je reste fidèle à une sagesse plus semblable à l'art, je me demande en ce moment si la discipline de la vie doit être indépendante ou si elle appuiera ses préceptes sur d'autres connaisances.

Cette dernière opinion est, je crois, la plus répandue. Cependant, dès que je l'examine, j'éprouve pour elle une forte répugnance.

L'expérience semble montrer qu'il est nuisible à une recherche de la faire dépendre, dans son but ou dans sa méthode, d'une autre recherche. Aussi longtemps que les sciences restèrent les servantes de la théologie, elles furent stupides comme des servantes. Tant que les sciences du concret consentirent à la déduction, si féconde en mathématiques, elles restèrent des systèmes d'erreurs. Si la morale est une science, son absence de progrès s'explique peut-être par le fait qu'on tente généralement de la construire d'après des plans étrangers et selon des méthodes empruntées. Si la sagesse est un art, de telles servitudes ne lui sont pas moins nuisibles. L'œuvre qui se modèle suivant la rigueur scientifique s'éloigne des formes pures de la beauté et de la danse souple des Muses.

Un hasard heureux me fait rencontrer ces lignes de Louis Ménard : « Moraliser la beauté ou la vérité, soumettre l'art ou la morale au raisonnement et juger un théorème par le sentiment esthétique ou par la conscience, ce sont trois tentatives de la même force et qui rappellent la condamnation de Galilée. »

Connue des savants, sentie par les vrais artistes, cette vérité paraît encore échapper à plusieurs moralistes. Ceux qui construisent leur morale selon une métaphysique avouée deviennent peut-être moins nombreux. Mais de plus en plus les systèmes moraux sont construits en fonction de systèmes sociologiques.

La sociologie semble d'ailleurs envahissante aujourd'hui comme jadis la théologie. Des biologistes la mêlent de façon ingénue à leur science. Je les soupçonne de cesser, à ces moments-là, d'être des savants pour devenir des poètes. Certes, je ne vois nulle déchéance dans la métamorphose; mais je m'inquiète devant des affirmations qui semblent prononcées dans un rêve.

•

Je rencontre deux façons de rattacher la morale à la métaphysique. Quelques métaphysiciens et la plupart des théologiens considèrent la morale comme une conséquence de la métaphysique et comme une métaphysique en action. Mais Kant, renversant le rapport ordinaire, fait de la métaphysique une exigence et un postulat de la morale. Avant que le rigide Pie X succédât au souple Léon XIII, lorsque, malgré les dénonciations et les récriminations des jésuites, la spéculation théologique jouissait d'une ombre de liberté, la doctrine kantienne séduisait, dans le monde religieux, les modernistes de la néo-apologie. Aujourd'hui encore (1928) elle conserve, me semble-t-il, des partisans chez les derniers pragmatistes.

Théoriquement, la méthode de Kant et celle des dogmatiques manifestent une même opinion métaphysique intéressante. Il est poétique d'admettre que tout se tient et que, entre l'homme et l'univers, comme entre l'univers et n'importe lequel des éléments qui le constituent, il existe des rapports étroits. Cette universelle synthèse est un rêve émouvant par quoi on se laisse volontiers bercer et griser aux heures de loisir. Rien ne prouve jusqu'ici qu'elle ne dise pas une vérité profonde. Rien ne prouve non plus qu'elle ne soit pas la plus vaste des erreurs. A supposer qu'elle exprime la plus grande et la plus belle des vérités, il me sera toujours impossible d'en déterminer le moindre détail d'une façon positive. Un des deux termes du rapport, l'univers réel, m'échappe irrémédiablement. Je ne puis saisir que l'univers subjectif. Aussi toute comparaison entre le macrocosme et le microcosme appartient à la métaphysique et à la poésie. L'accord entre moi et les choses, comment savoir s'il est profondeur ou mensonge? Vient-il d'une parenté essentielle et d'une souple obéissance de mon esprit? Est-il un triomphe de mon intelligence qui me soumet les choses transformées, anthropomorphisées? Victoire décevante qui vaporiserait en brume de songe toutes mes apparentes prises sur le réel. Mais peut-être, amorphe et fluide, la réalité prend avec indifférence la forme de tous les vases. Même si c'est mon esprit qui est docile aux choses, je suis certain que cette docilité est imparfaite. Puisque les opinions des hommes sont diverses. Et puisqu'il m'arrive de reconnaître ou de croire reconnaître une erreur.

Beau et flottant quand il reste vue d'ensemble, le rêve analogique, dès qu'il se perd dans le détail, donne des résultats qui apparaissent ridicules. L'alchimie et l'astrologie sont des chapitres de la métaphysique. Leurs vastes hypothèses ont un sourire de lumière. Si j'écoute leurs affirmations et leurs précisions, j'ai l'impression que je m'égare dans un asile d'aliénés. Il y a là songes incertains et, dans l'ondoiement d'un brouillard, charme panoramique; ou il y a là systématisations hardies et ruineuses comme la démence. De telles considérations, même prudentes, n'ont d'intérêt que par elles-mêmes. Elles deviennent nuisibles aux recherches positives à quoi on les mêle. Il n'y a pas plus de raison de s'en préoccuper en éthique que dans les opérations de chimie par exemple. Les rapports des phénomènes chimiques au phénomène universel ou à l'universelle substance ne sauraient être supposés moins étroits que les rapports des gestes humains au même univers. La prétention de déduire tout le détail de la chimie de quelques principes métaphysiques ferait rire les savants. Construire une métaphysique sur des données chimiques serait intéressant comme tentative poétique; naïf, si on affirmait la solidité de l'édifice.

Pratiquement, une discipline quelconque doit, ce me semble, réclamer son indépendance et se constituer sans préoccupation des autres disciplines. Certes, rien ne s'oppose à ce que le même homme, qui est chimiste ou moraliste soit métaphysicien. La métaphysique est le prolongement rêvé de toutes les sciences et peut-être de tous les arts. Mais, à l'heure où je rêve, je ne fais plus œuvre scientifique ou œuvre plastique.

Construire morale ou chimie sur la métaphysique, c'est appuyer le connaissable sur l'inconnaissable. Pour l'éthique, c'est, en outre, faire dépendre le besoin précis et continu de la fantaisie changeante et arbitraire. C'est modeler la vie sur le songe et transformer la conduite humaine en je ne sais quel somnambulisme. C'est vouloir ordonner et maçonner la pierre de l'abri indispensable sur la vague et fuyante réalité du nuage.

La conception kantienne, puisqu'elle se donne

comme autre chose qu'une méthode de rêve, puisqu'elle se croit un moyen de certitude, apparaît une naïveté presque immorale. Elle affirme mes désirs comme des réalités et prétend que l'univers rit dès que je me chatouille. Elle projette mon ombre sur l'infini et affirme que c'est l'ombre de l'infini. Elle modèle anthropomorphiquement le mystère. Sur le roc inébranlé, elle croit construire avec les nuages, et elle attribue à la construction rêvée la solidité du roc lui-même.

Les deux méthodes ont un défaut commun. Elles attachent solidement la morale à une métaphysique. Or toute métaphysique m'apparaît un système de nobles rêveries ou de charlatanesques affirmations. A moins d'être docile « comme un cadavre » ou d'avoir pour un de ces systèmes tendresse de mère, toute intelligence doutera un jour de sa métaphysique. Après examen, on la rejettera ou on ne l'admettra plus que comme une branlante hypothèse. Celui qui aura commis l'imprudence d'y unir indissolublement son éthique regardera crouler l'ensemble parmi les pleurs ou dans un rire déchirant.

La sagesse pratique ne peut que perdre à de telles alliances. Avant même qu'il soit ébranlé dans ma confiance, l'allié diminue ma vie éthique.

Une morale théologique s'appuie toujours aux contreforts de sanctions extérieures. Elle séduit par des promesses, elle effraie par des menaces ; elle ruine mon désintéressement et pèse d'un poids matériel sur ma liberté. Kant veut que j'agisse par devoir, non par crainte ou par espérance. Attitude difficile après que j'ai affirmé des récompenses et des punitions extérieures. D'autre part, cet impératif qui postule l'existence d'un dieu personnel, je ne parviens plus que par d'inquiétantes subtilités à le distinguer de la volonté divine; mon obéissance au devoir reste le plus souvent servile soumission à un ordre venu de haut. Si Kant veut que, pour être vraiment moral, j'oublie, à l'heure de l'action, Dieu avec sa puissance, mon immortalité avec ses promesses et ses menaces, ne serait-ce pas que le vrai postulat de l'éthique, celui sans lequel s'évanouit toute la beauté de nos gestes, c'est d'écarter les préocupations d'au delà ?

Les morales religieuses tendent vers une limite où elles cesseraient d'être religieuses et intéressées pour devenir vraiment nobles et sages. Si la terreur de l'enfer et le baveux espoir du paradis sont des moyens de contenir les natures vulgaires, on adresse parfois un autre langage aux âmes supérieures, les seules peut-être qui puissent aspirer à une vie éthique. A celles-là, on demande d'agir par amour. Mais de quel amour est-il question?

Si j'aime Dieu pour ses attributs métaphysiques, pour sa puissance, son immensité, son éternité, n'y a-t-il pas dans cet amour une sorte de stupeur lâche? Cet amour n'est-il pas encore crainte et obéissance? Je ne trouve à ce tendre rampement devant la force nulle beauté et nul courage.

Il faut donc supposer que l'amour s'adresse aux attributs moraux de Dieu, à sa justice et à sa miséricorde. Il me semble d'une sagesse plus sûre d'aimer justice et miséricorde sans affirmer naïvement leur réalisation dans l'absolu. Il me semble plus beau d'aimer justice et bonté, même si elles ne se trouvent nulle part qu'en mon esprit et en mon cœur, même si le mystère objectif n'est qu'un gouffre d'indifférence ou d'iniquité.

Pour me constituer une sagesse vraiment noble et solide, je l'affranchirai donc de toute métaphysique, de toute théologie, de toute religion. Mais ne la soumettrai-je pas à quelque science positive? L'être moral n'appartient-il pas au monde et n'est-il pas celui qui obéit volontairement aux lois universelles?

La matière vivante est de la matière et elle obéit aux lois physico-chimiques. Pourtant la vie m'apparaît un phénomène original et que les lois physico-chimiques n'expliquent point. La biologie a un domaine indépendant. Le vivant se défend contre l'hostilité aveugle des forces physiques.

Quand un rocher roule vers un animal ou vers une autre pierre, la pierre attend, mais l'animal s'enfuit. Si j'ai avalé par mégarde un poison, je ne laisse pas agir sans lutte les lois chimiques qui doivent amener ma décomposition, mais, d'un geste qui n'a rien de chimique, je cherche l'antidote. De même, conscience morale et volonté n'existent pas sans la vie, mais elles sont d'un autre ordre que la vie. Non seulement l'être moral n'est pas expliqué, en ce qu'il a de moral, par la biologie; mais la vie éthique ne se conserve que par la lutte contre l'envahissement et l'exclusivisme des fatalités biologiques.

Il y a en moi un âpre vouloir d'unité qui se rebelle contre les rigueurs de la méthode. Mes croyances et mes rêves interviennent dans mon effort scientifique, dans mon effort artistique, dans mon effort éthique. Je ne m'oppose qu'à demi et en souriant à l'invasion puérile. Je ne m'oppose point à sa grâce, mais à sa tyrannie. Je ne permets pas à mes rêves de troubler mon expérience de chimie, de m'empêcher de voir le résultat exact. Je ne leur permets pas de troubler l'ordonnance d'une œuvre d'art ou l'harmonie d'un geste. Mais je suis heureux si quelque rêve large monte des fumées du laboratoire, ou des frémissements du livre, ou de la noblesse précise de l'action. Pourvu que le chuchotis en reste modéré, j'écoute les hypothèses que me suggère le rêve. Parmi celles qui sont vérifiables, je vérifie les plus simples, les plus voisines de ce que je sais. Et je remplis par de la métaphysique les vides de mes connaissances, toujours prêt cependant à faire place à une notion positive nouvelle et à déloger le songe provisoire qui occupait cette place. Et je ne blâme nullement celui qui remplit les mêmes vides par des rêves différents. Au contraire, je me réjouis de la richesse variée de nos songes.

Dans l'action, j'écoute parfois des considérations scientifiques ou des rêves métaphysiques. A la condition expresse qu'ils ne contredisent pas les certitudes de ma sagesse et même ne choquent aucune de ses inquiétudes, aucun de ses scrupules. Il y a beaucoup de gestes que non seulement la modeste sagesse, mais encore la prétentieuse et tyrannique morale considèrent comme indifférents. Gestes neutres, situés entre le bien et le mal, « au milieu » disaient les stoïciens. Les anciens philosophes et, parmi eux, Socrate et Epictète, permettent, pour se décider dans ces occasions, d'avoir recours à la divination. Aucune forme de divination ne me séduisant, je me laisse volontiers entraîner, dans ces cas indifférents, à toutes sortes de penchants; et le penchant métaphysique n'est pas sans force chez moi.

Un exemple : le suicide. Les considérations morales par quoi on le condamne m'apparaissent du dernier ridicule. La sagesse ne me dit rien ni pour ni contre ce geste, qui peut emprunter aux circonstances un reflet de noblesse ou de lâcheté, mais qui, par lui-même, dans l'abstrait, apparaît éthiquement indifférent. J'admire la beauté lumineuse des morts volontaires de Zénon, de Cléanthe et de quelques autres, anciens ou modernes. Je ne trouve pas moins belles certaines façons d'accepter la vie la plus pénible et la plus dénuée d'espoir; j'admire le sourire dont Epicure accueille les souffrances croissantes d'une maladie incurable. Ni les arguments des stoïciens en faveur du suicide ni les raisons qui motivaient ce qu'on pourrait appeler « la survie » d'Epicure ne parviennent à émouvoir mon assentiment pratique. Néanmoins, chaque fois que j'ai médité sur la question, je suis arrivé à la même conclusion : dans aucune des circonstances que je puis prévoir, je ne recourrais au suicide. Les motifs profonds de ma décision ne sont pas d'ordre éthique ni d'ordre sentimental, mais d'ordre métaphysique (1). Je les considère comme très faibles par eux-mêmes. Leur puissance victorieuse vient uniquement de l'absence de tout motif d'un ordre plus pressant.

Depuis Héraclite et Démocrite qui, premiers, abandonnent la méthode modeste des « sages » et présentent leurs idées morales comme les conséquences d'une doctrine universelle jusqu'aux moralistes d'aujourd'hui, les morales sont innombrables qui furent construites sur de branlants fondements métaphysiques. — Je ne m'attarde pas au facile et fastidieux historique. Les sagesses qui me sourient et me paraissent utilisables, je les étudierai en elles-mêmes, dégagées des importunes alliances dont on crut les affermir et qui les compromettent.

---

(1) Les curieux trouveront ces motifs exposés dans mon petit drame **Jusqu'à l'âme** et dans un chapitre des **Voyages de Psychodore** : « Le Suicide ».

Je ne crois pas qu'on ait fondé beaucoup de système moraux sur les données des sciences spéciales, la sociologie exceptée. Nous connaissons mal la doctrine des nombres dans le pythagorisme. Il ne semble pas qu'elle fût le fondement de la morale pythagorienne; elle fournissait seulement, pour en exprimer certaines parties, des symboles bizarres ou ingénieux. La morale pythagorienne présuppose une science théologique, puisque le précepte général et la méthode constante restent l'imitation de Dieu.

Certains systèmes paraissent ou prétendent s'appuyer sur la biologie. Ils osent, sur ce qui est au fond de la vie, des affirmations qui dépassent singulièrement les certitudes actuelles de la biologie et peut-être ses investigations possibles. La prétendue science d'un Nietzsche est une métaphysique hardie jusqu'à l'insolence. Un Le Dantec, dès qu'il sort du menu détail des faits, devient un métaphysicien naïf, si naïf qu'il se croit encore biologiste. D'autre part, comme la vie dont il s'agit dans les principes et les conclusions de ces doctrines reste toujours la vie en société, la biologie se ramène ici à une sociologie.

Plusieurs constructions morales s'appuient consciemment sur la sociologie. Repousserai-je cette aide comme celle de la métaphysique? L'homme, tel que je le connais, fait partie, dira-t-on avec justesse, de la société plus étroitement que de l'univers. Le définir un animal social, c'est déjà dire quelque chose de précis. Dire qu'il est un être, c'est vraiment dire trop peu et trop peu nous instruire. Même si la métaphysique avait un caractère scientifique, ses généralités seraient encore trop lointaines pour nous éclairer utilement sur un être aussi particulier. La sociologie n'offre pas le même défaut et il y a quelque spéciosité à présenter la morale comme un de ses chapitres.

On dit sociologie, aujourd'hui que la science est à la mode. Jadis ne disait-on pas politique? Il y a déjà quelque temps que Ménénius Agrippa contait aux plébéiens révoltés la fable *Les Membres et l'Estomac.* L'ingénieux orateur qui, placé « de l'autre côté de la barricade » aurait, probable, dit tout le contraire, ne se doutait pas qu'il enfermait en un court apologue la matière d'une science future et que de gros livres délaieraient dans une sauce philosophique son opportune métaphore.

Si l'on tient à maintenir une distinction entre

la sociologie et la politique, j'y consens bénévolement, sans examen. Le fond de la question est indifférent au problème actuel et une très simple remarque me suffit :

Une sociologie ne peut avoir la prétention de s'allier à la morale qu'à la condition d'aboutir à des conclusions pratiques. Et une sociologie pratique, que peut-elle être, qu'une politique?

L'alliance de la morale à la sociologie ou à la politique se présente des deux mêmes façons que l'alliance de la morale et de la métaphysique. On a essayé de construire la sociologie sur la morale; on a essayé d'appuyer la morale sur la sociologie. La première méthode est celle de Platon. La seconde serait celle de Machiavel, si Machiavel était un systématique; c'est celle des philosophes machiavéliques et, pour nommer le plus grand, de Hobbes.

Le machiavélisme, tel que je le trouve exposé dans *Le Prince* et dans les *Discours sur Tite-Live*, est la suppression même de toute éthique. Machiavel ne se préoccupe d'aucune apologie de sa politique; seuls les résultats l'intéressent et à ses yeux le succès justifie tous les moyens. Entre les moyens qu'il conseille, il place hardiment au premier rang la mauvaise foi et la cruauté. Il ne va pas jusqu'à aimer ces procédés pour eux-mêmes. Machiavel n'a rien d'un satanique et le mal pour le mal ne lui paraîtrait pas moins ridicule que la préoccupation de bien faire. Même il blâme « la cruauté mal employée », timide et inefficace, aussi nettement qu'il loue « la cruauté bien employée. » Il recommande de commettre seulement des crimes « dont la grandeur couvre l'infamie. »

Ce n'est pas que Machiavel cède ici à quelque préoccupation esthétique. Il n'y a nul romantisme dans cet esprit clair et avisé et il ne conseille pas de se faire avec des cadavres un piédestal ostentatoire. La grandeur du crime en couvrira l'infamie si, ayant détruit l'adversaire d'un seul coup, on peut revêtir ensuite un masque de douceur et de sourire. Octave,ayant tué suffisamment et avec une précision suffisante, permet à Auguste de faire adorer par les siècles sa clémence. Trouverais-je dans toute l'histoire de France un geste que Machiavel pût approuver complètement? C'est au moins douteux. Machiavel n'est pas assez naïf pour reprocher à Catherine de Médicis d'avoir tué beaucoup de protestants. Il est assez habile et résolu pour lui reprocher d'en avoir trop épargné. Petit crime, la Saint-Barthélemy, et insuffisant, et dont la grandeur ne couvre pas l'infamie. Les massacres de septembre ne le satisferaient pas davantage, qui laissèrent vivants un certain nombre d'aristocrates. « Quiconque veut établir une république dans un pays où il y a beaucoup de gentilshommes ne peut réussir sans les tuer tous. »

Machiavel, homme pratique, donne des conseils, non des théories. Loin de prétendre extraire une morale de sa politique, il prévient franchement son lecteur contre le danger de toute préoccupation éthique : « Il y a une si grande différence entre la façon dont les hommes vivent et celle dont ils devraient vivre que celui qui néglige ce qui se fait pour suivre ce qu'il devrait faire court à la ruine; celui qui veut être un homme parfaitement bon est en péril au milieu de ceux qui ne le sont pas. » Il ne serait pas difficile de bâtir un système là-dessus; il n'est jamais difficile de construire, sur n'importe quoi, une doctrine morale. Mais Machiavel sourirait de préoccupations aussi puériles.

Des politiques voisins de lui, mais plus généralisateurs et théoriciens, les ont pourtant manifestées La politique de Hobbes ne diffère guère de celle de Machiavel. Aujourd'hui même plusieurs néo-royalistes avouent l'enseignement de ces deux maîtres et, comme ils ont de remarquables facultés dialectiques plutôt qu'un sérieux esprit d'observation, ils systématisent derrière le philosophe anglais.

Pour Hobbes, la morale se réduit tout entièrement à l'obéissance au prince. A ses yeux, comme plus tard aux yeux de Nietzsche, l'instinct profond de l'homme n'est pas la société, mais la domination. Aussi la nature nous met en guerre chacun contre tous et tous contre chacun. A l'état de nature, nous sommes des loups les uns pour les autres. L'expérience et la réflexion nous apprennent bientôt que la paix est le plus grand des biens et que notre premier intérêt consiste à ne point rencontrer trop de loups sur notre chemin. Un chef qui empêchera la lutte universelle, voilà notre premier besoin. « La vraie loi est la parole d'un chef. » Lui désobéir sous n'importe quel prétexte, c'est renouveler l'abominable état de guerre et se déclarer l'ennemi de tous. Ce qu'ordonne le prince est juste dès qu'il l'ordonne et par cela seul qu'il l'ordonne; ce qu'il défend est injuste dès qu'il le défend et par cela seul qu'il le défend. Seule la loi, c'est-à-dire l'ordre du chef, crée le caractère moral ou immoral de nos actes. Le soldat qui tue un ennemi et le bourreau qui exécute un condamné ne sont pas des assassins; celui qui pille avec la permission de ses chefs n'est pas un voleur. Notre unique devoir comme notre intérêt, c'est de maintenir le prince. L'unique devoir du prince, c'est de se maintenir. La formule fameuse du vénitien Sarpi paraîtrait bien faible à Hobbes : « La première justice du prince est de se maintenir. » Pour Hobbes, cette justice-là n'est pas la première; elle est la seule.

Si elle ne m'apprend pas autre chose, la lecture de Machiavel et de Hobbes m'enseigne que faire dépendre la morale de la politique, c'est détruire toute vie éthique. A chaque instant, en lisant ces deux écrivains, je suis poursuivi par la formule de saint Augustin : « Qu'est-ce qu'un gouvernement, si vous en ôtez la justice? Un grand brigandage. »

Faut-il donc renverser le rapport et, comme le veut Platon, fonder la politique sur la morale?

La politique platonicienne revêt, dans Platon lui-même, deux formes bien différentes : libertaire et pédagogique dans *La République*, elle devient despotique dans *Les Lois*. Beaucoup de réformateurs sociaux me paraissent ressembler à Platon par cette contradiction essentielle : dans le rêve, on parle au nom de la liberté; dans l'application, on est contraint de recourir aux procédés les plus tyranniques.

La République trace le modèle de l'Etat idéal, « l'idée » de l'Etat. Platon en écarte tout élément empirique, les lois aussi bien que les intérêts. Les lois lui paraissent toujours inutiles : si l'Etat est sain, il n'en a pas besoin; s'il est gâté, elles ne remédient à rien. La cité de *La République* ne peut être maintenue que par l'éducation; la politique ici se réduit à une pédagogie.

Dès que l'utopiste veut bâtir sa cité quelque part, il est forcé de tenir compte des éléments empiriques; il ne voit plus le moyen d'instituer la justice sans l'imposer. Il sent l'insuffisance de l'éducation et il promulgue des lois. Pour conserver sa société vertueuse, le voici entraîné à l'enfermer dans un rempart de despotisme. Dans *Les Lois*, le gouvernement, représentant armé de la conscience, ne laisse à l'individu aucune liberté d'action, de sentiment ou de pensée. Une réglementation, minutieuse comme la règle d'un couvent moderne, envahit jusqu'aux replis les plus secrets de la vie privée. Elle s'inquiète des relations conjugales, et c'est la loi qui assortit les mariages. Le désir, d'après Platon, rapproche les êtres semblables. Il faut lutter contre cette tendance naturelle, contraire, paraît-il, à l'intérêt social. L'intérêt social exige que l'époux et l'épouse soient très différents et qu'un juste mélange de force et de douceur prépare des générations équilibrées. Les époux, désignés en apparence par le sort, seront assortis en réalité par d'heureuses supercheries des magistrats. Combien le Platon des *Lois* est hostile à toute liberté, je le vois encore mieux quand ce Grec supprime l'indépendance de la « musique », quand ce poète exile Homère, quand cet artiste, sévère et absurde comme un prêtre d'Egypte, immobilise l'art en des formes hiératiques et interdit à l'artiste de « montrer ses ouvrages à aucun particulier avant qu'ils aient été vus et approuvés des gardiens des lois et des censeurs établis pour les examiner. »

Je trouve la même contradiction essentielle chez tous ceux qui construisent sur la justice des cités idéales ou qui rêvent de rendre juste la cité future. Je la trouve, plus criante encore, dans les faits. Des gouvernements platoniciens ont à certaines heures encombré l'histoire : il ne paraissent pas plus regrettables que les autres. La théocratie est la forme la plus commune du platonisme politique, et seul un prêtre pourra louer le gouvernement des Jésuites au Paraguay, celui qu'exerça en France le Père La Chaise sous le pseudonyme de Louis XIV, ou celui des papes dans les états pontificaux. Les pasteurs calvinistes, esprits un peu moins asservis, ne loueront pas, je crois, la tyrannie de Calvin à Genève. J'ai lu sous la signature de certains d'entre eux de nettes et véhémentes condamnations du meurtre de Servet. Les prêtres catholiques aiment mieux, en général, calomnier leurs victimes et ils sont condamnés à croire que l'abominable Dominique est un saint. Dominique n'est pas seulement dans le calendrier. Dante le met très haut dans son *Paradis* et pousse inconscience et catholicisme jusqu'à mêler en longs parallèles l'éloge du dur inquisiteur à la louange de l'idyllique François d'Assise.

Si quelque naïf, soucieux de n'être tyrannisé que par des gens vêtus comme lui, objectait qu'un prêtre pas un philosophe, je lui citerais quelques platoniciens laïques aussi atroces que le meilleur inquisiteur et, au premier rang, l'austère et répugnant Saint-Just.

Kant dit quelque part : « Que les rois deviennent philosophes ou les philosophes rois, on ne peut guère s'y attendre ; on ne doit pas non plus le souhaiter, parce que la possession du pouvoir corrompt inévitablement le libre jugement de la raison. »

Si l'histoire ne connaît aucun roi devenu philosophe, elle connaît quelques philosophes devenus rois. Leur puissance ne tarda pas à détruire leur philosophie. Frédéric, prince présomptif, écrit avec une sincérité superficielle sans doute, pourtant réelle et indignée, l'*Anti-Machiavel*. Roi, il suit mieux que personne les préceptes de Machiavel. Il est Machiavel couronné. Seize siècles avant lui, Marc-Aurèle, avec une bonne volonté plus profonde, s'efforce de réaliser la République de Platon. Hélas! comme il se sent bientôt déchiré avec lui-même. Sa philosophie condamne la guerre : « L'araignée est fière de prendre une mouche; tel est fier de prendre un levraut; tel, de prendre une sardine; tel de prendre des sangliers; tel de prendre des Sarmates. Au point de vue des principes, tous brigands. » Sa fonction l'entraîne à prendre et à tuer des Sarmates. « Comme Antonin, j'ai pour patrie Rome; comme homme, le monde. » Peu à peu Antonin tue en lui l'homme. Et voici que cet être sérieux jusqu'à la tristesse condamne dans un éclat de rire principes et philosophie : « Quels chétifs politiques, ces nains qui prétendent régler les affaires sur les principes de la philosophie. Ce sont bambins dont on débarbouille le nez avec un linge. » Ainsi il détruit un philosophe. Et l'empereur qu'il est ne fait pas moins de mal qu'un autre. Il persécute les chrétiens. Il tue la douce Blandine. Sur ce stoïcien infidèle doit retomber le mot d'une autre de ses victimes. Le martyr Attalus, assis sur un siège de fer rougi, pendant que sa chair cuisait et fumait comme la viande d'un gibier, appelait les bourreaux : « mangeurs d'hommes. »

La politique a tué en Marc-Aurèle toute liberté éthique. Il ne peut plus que souffrir et se désespérer : « O mort, ne tarde plus à venir, de peur que j'en arrive, moi aussi, à m'oublier. » La mort tarde, même après qu'il s'est oublié et probablement il résout le problème de façon peu élégante, en s'abstenant de nourriture jusqu'à ce qu'il n'y ait plus ni les ruines du philosophe ni le triomphant et mélancolique empereur (1).

---

(1) J'ai étudié plus longuement Marc-Aurèle dans le troisième chapitre de **Les Apparitions d'Ahasvérus.**

CHAPITRE III

Histoire de la Sagesse dans l'Antiquité

Que sagesse morale et calculs politiques soient d'irréconciliables ennemis, Machiavel et les politiques de son école ne sont pas seuls à l'avoir compris. Les sages ne l'ont pas ignoré non plus. Pour la plupart des sages anciens, le seul précepte général est l'obéissance à la nature; son premier corollaire, le mépris de tout ce qui est politique ou civique, l'indifférence aux gouvernements, aux lois et aux coutumes, la haine ou le dédain pour la cité.

Dans la recherche scientifique, Héraclite, Empédocle, Parménide, Démocrite, Anaxagore distinguent déjà entre la nature et la coutume, entre la vérité et la représentation humaine. Les sophistes, bientôt, appliquent cette distinction au domaine pratique : au nom de la nature, ils méprisent les mœurs et les lois. Hippias, aux

Mémorables de Xénophon, conteste que les lois, qui changent si souvent, soient plus respectables pendant que la cité cherche à les imposer qu'avant de paraître utiles aux citoyens ou après qu'ils les ont reconnues nuisibles. Il réserve le titre de lois naturelles à celles qui sont partout également admises; mais peu de lois positives présentent ce caractère universel. Celles qui ont cours partout et toujours viennent des dieux et Hippias s'incline devant elles. Combien d'autres, temporaires ou locales, ne méritent que le sourire ou le haussement d'épaules, cette interdiction de l'inceste, par exemple, qui, on ne sait pourquoi, existe chez tel peuple, non chez tel autre. — Dans le *Protagoras* de Platon, ce même Hippias dit que la loi contraint les hommes, comme un despote, à beaucoup de gestes contraires à la nature.

Il ne serait pas difficile de multiplier les exemples et les textes.

Les sophistes généralement ne sont pas considérés comme des sages. Nous ne les connaissons que par des attaques et des réfutations; c'est à travers des réquisitoires qu'il faut deviner leur vrai caractère. Mais n'est-ce pas le sort de tous les ennemis des lois d'être bientôt incompris? La plupart sont calomniés et ignorés. Les très grands, surtout si leur mort fut pathétique comme la passion de Socrate ou de Jésus, risquent d'être utilisés par les organisations postérieures.

Le révolutionnaire vaincu est toujours vilipendé aux mensonges solennels de l'histoire. Catilina vainqueur nous apparaîtrait-il aussi noir et Cicéron vaincu aussi radieux? Pourtant on serait moins injuste envers le Consul. Même battu, le champion du parti aristocratique garde de nombreux défenseurs : écrivains aristocrates; écrivains singes d'aristocratie et qui grimacent des opinions de bonne compagnie; écrivains mercenaires et qui savent où est l'argent. Si Pharsale avait tourné autrement, César aurait une plus mauvaise presse (1) que Pompée. Or l'individualiste est un révolutionnaire battu d'avance sur le plan matériel. On change une loi ou un gouvernement; on ne supprime pas toute loi et tout gouvernement. En outre, l'individualiste a contre lui tous les partis et non pas seulement, comme le démocrate, le parti qui, par ses richesses, sa naïve infatuation, ses mensonges intéressés et la servilité des historiens, réussit le

(1) Si bas que ce terme soit devenu, c'est à dessein que je l'emploie : il exprime avec exactitude le degré de confiance que mérite l'histoire officielle.

mieux à déshonorer ses adversaires. L'ennemi des lois a donc renoncé à ce que les imbéciles et les lâches appellent son honneur. S'il se reste fidèle à lui-même, s'il ne se vend pas un jour — pardon! on ne dit plus : se vendre, on dit : s'adapter; ou on dit : passer de l'autre côté de la barricade; ou on dit : changer son fusil d'épaule — il sait qu'il sera calomnié aussi longtemps qu'on se souviendra de lui ou qu'il sera adapté après sa mort.

J'accueille avec un sourire sceptique tout ce que l'histoire, prostituée aux puissants, aux riches et aux vainqueurs, me raconte sur les ennemis des organisations sociales.

Il est probable qu'il y eut dans la sophistique beaucoup de mélange. Les doctrines illégalistes n'attirent pas seulement ce qu'il y a de meilleur. Avec les hommes que la noblesse de leur pensée et de leur vie met au-dessus des lois, il y vient plusieurs êtres que des instincts bas et une basse pratique mettent au-dessous. Le grand nombre préfère, plus profitable et moins dangereux, le mensonge de la soumission apparente. Quelques-uns éprouvent des besoins d'ostentation et de brutale vantardise. Ils se font philosophes pour être glorieusement leurs propres avocats; au lieu de chercher dans la raison un guide pour leur conduite, ils cherchent des raisons pour justifier leur conduite et louer ce qu'ils font. Il faudrait donc, pour être juste, distinguer entre les sophistes et les étudier l'un après l'autre. Œuvre difficile quand on n'a que des documents hostiles et qui précisément s'appliquent à confondre le meilleur avec le pire. Mais ceux qui, sur la foi des anciens ou de nos manuels, condamnent tous les sophistes et cependant professent quelque respect pour Socrate sont priés de se rappeler que Socrate tenait en grande estime le sophiste Prodicos et lui envoyait des disciples.

Qu'ils sachent aussi que, malgré la ridicule orthodoxie historique, Socrate est un sophiste. Jusqu'à sa mort, tous ses contemporains le considèrent comme tel, non pas seulement Aristophane et le parti aristocratique. Les dialogues de Xénophon et de Platon paraissent singulièrement fausser la pensée socratique. Ces ennemis des sophistes se sont appliqués à séparer leur maître de compagnons qui leur déplaisaient et qui leur paraissaient compromettre une mémoire vénérée. Parmi la réprobation, la méprisante curiosité, la crainte de se commettre, la crainte aussi d'être battu et ridiculisé par des jouteurs trop redoutables, les sophistes, discutaient surtout entre eux. Socrate était le plus habile, celui qui presque toujours triomphait de l'adversaire. Du raisonneur qui avait vaincu tant de sophistes, on fit facilement un ennemi de la sophistique.

Malgré le peu de renseignements positifs sur ces philosophes dont le nom même est devenu une injure, il semble établi qu'ils étaient d'accord sur un seul point : la distinction entre la coutume et la nature, la condamnation des coutumes et des lois au nom de la nature. Il est difficile de ne pas reconnaître une forme de cette doctrine dans la distinction socratique entre « les lois écrites » et « les lois non écrites » et dans la proclamation de la supériorité des dernières.

Dès sa source historique, l'individualisme se partage en deux ruisseaux qui deviendront deux fleuves puissants, tantôt rapprochés, plus souvent éloignés. Sous le mot *nature*, les sophistes mettent déjà, avec une conscience plus ou moins claire, deux sens différents. Pour le Calliclès que nous fait connaître Platon, la nature est l'ensemble de nos instincts et de nos appétits; parmi nos instincts, Calliclès, comme plus tard Hobbes ou Nietzsche, distingue surtout la soif de dominer. D'autres cependant, proches de Socrate, prennent déjà le mot nature dans une signification que j'appellerai anachroniquement stoïcienne et réservent ce nom à la raison. Protagoras déclare que la nature a donné à tous les hommes le sens du juste et de l'injuste; — Alcidamas dénonce comme contraire à la nature la différence légale entre l'esclave et l'homme libre; — au nom de la nature, Lycophron condamne la distinction entre les diverses classes de citoyens. Les sophistes ébauchent donc les deux grands individualismes : l'individualisme de la sensibilité et l'individualisme de la raison. Rien chez eux ne fait pressentir le délicat subjectivisme d'Epicure, mais ils présentent déjà, à côté de l'individualisme de la volonté de puissance, une forme intéressante de l'individualisme de la volonté d'harmonie.

Le premier grand nom de la sagesse est le nom de Socrate. Je néglige volontairement les Sept Sages. Il y a de tout dans ce bizarre assemblage. Des tyrans, et cruels, comme Périandre. Des savants, comme Thalès. Un seul vrai sage peut-être, Bias. La plupart auraient leur place dans une histoire de l'habileté plutôt que dans une histoire de la sagesse. Avant qu'épicuriens et stoïciens aient donné au nom de sage une noble signification, les Grecs, amis de la ruse, confondent volontiers. Si, dans les temps légendaires, ils font protéger un homme par la déesse de la sagesse, cet homme est « le subtil Ulysse », sage à peu près comme, dans notre moyen âge, Renart-le-Goupil.

Connaissons-nous l'illustre accoucheur d'esprits mieux que les autres sophistes? Nous ne le connaissons pas, lui, par ses ennemis, car nul ne prend les *Nuées* au sérieux. Il est peut-être pire de le connaître par deux disciples infidèles.

L'impérialiste Xénophon rêva toujours d'un chef puissant qui unirait tous les Grecs pour les conduire à la conquête de l'Asie. Ce soldat au style élégant mais à l'intelligence pauvre, cet Athénien que son goût pour la discipline rendit spartiate, cette manière de prophète d'Alexandre n'était guère fait pour comprendre une pensée individualiste.

Platon aurait pu comprendre. Mais il avait d'autres préoccupations. « Que de choses ce jeune homme me fait dire auxquelles je n'ai jamais pensé! » s'écriait Socrate. Combien plus librement Platon dut déformer Socrate disparu. Comme il dut le rendre platonicien. Or l'auteur des *Lois* se laisse entraîner par ses facultés mathématiques et son génie architectonique à la manie législatrice. Xénophon et Platon appartiennent au parti aristocratique et laconien. Socrate sut réunir contre lui tous les partis. Le Socrate de Xénophon et de Platon aurait été l'allié, non l'adversaire d'Aristophane; et, en effet, Platon, au *Banquet*, fait de ces deux ennemis, deux amis. On ne comprendrait pas pourquoi les Trente auraient poursuivi d'une haine implacable cet ingénieux et utile aristocrate. En vérité, les *Dialogues* et les *Mémorables* sont des romans à thèse à travers quoi il faut deviner le vrai Socrate (1).

Malgré les tendances aristocratiques des disciples, dès qu'on regarde d'un peu près, on distingue en Socrate un ennemi de la populace d'en haut comme de la populace d'en bas, un railleur de toute politique. S'il irrite les démagogues par son opposition dans le procès des généraux, il refuse aux trente tyrans de leur livrer Léonte de Salamine. Il raille le démocratique tirage au sort des magistrats; mais les Trente ne lui paraissent pas supérieurs aux élus de la fêve : il les compare

(1) Sur les mensonges, systématiques ou non, de Platon et de Xénophon, on trouvera d'abondants renseignements dans **Les Véritables Entretiens de Socrate** (passim.).

à des bouviers qui chaque soir ramèneraient à l'étable un troupeau moins nombreux et plus maigre. Il est l'indépendant qui proclame sa conscience, non les conventions de droite ou les conventions de gauche.

Toutes les paroles authentiques de Socrate sont des paroles individualistes. « L'ordre qui s'appuie sur la contrainte, non sur la persuasion, je l'appelle tyrannie, je ne l'appelle pas loi. » Sa sagesse est indépendante de toute politique, puisque à ces « lois écrites » auxquelles, lorsqu'il parle strictement, il refuse le nom de lois, il oppose les lois véritables, les « lois non écrites » ; puisque tout ordre qui s'accompagne d'une sanction artificielle lui paraît perdre le droit de s'appeler loi. Elle semble indépendante de toute théologie, si nous admettons, comme il est vraisemblable, que le démon intérieur qui l'arrête souvent au bord de l'action n'est que sa conscience, promulgatrice des lois non écrites. Dans l'*Eutiphron*, il exprime le plus profond mépris pour les prêtres et pour les cérémonies. On connaît de quel dédain il couvre les hommes qui demandent aux oracles ces conseils qu'on doit tirer de soi-même.

On a beaucoup discuté sur le procès de Socrate

comme sur celui de Jésus (1). Malgré l'apologie légaliste de Xénophon, il semble indéniable que Socrate désobéissait aux lois religieuses de son temps. Et ne corrompait-il pas la jeunesse, l'insolent qui enseignait à raisonner, non à obéir? La condamnation de Socrate, comme plus tard celle de Jésus, semble irréprochable légalement. L'homme de bonne foi doit choisir : mépriser Socrate et Jésus ou mépriser la Loi qui les assassina. Je distinguerai entre les lois d'alors et celles d'autres siècles quand on m'aura montré un code où nulle innocence naturelle ne se transforme en culpabilité légale.

Le procès de Socrate est un des épisodes les plus illustres de la lutte éternelle entre la conscience individuelle et l'Etat. Comme toujours, l'Etat est vainqueur sur le plan matériel. Comme toutes les fois que le champion individualiste est un héros, la conscience est victorieuse sur le plan moral. Ne nous illusionnons pas touchant la nature et la portée de cette dernière victoire. Elle reste

---

(1) J'ai tenté dans **Les Véritables Entretiens de Socrate** de retrouver la vraie pensée de Socrate, comme j'ai tenté dans le **Cinquième Evangile** de retrouver la vraie doctrine et la véritable évolution de Jésus.

tout intérieure et les échos qu'on en croit entendre dans l'histoire sont des menteurs. Socrate et Jésus sont réhabilités, aux yeux officiels, parce qu'on a déformé leur pensée jusqu'à la rendre semblable à la pensée officielle. Tout grand martyr individualiste a des disciples avisés qui socialisent la victime de la société. Platon, législateur qui conseille aux magistrats le mensonge et la ruse, ose, au long mensonge qui s'appelle le *Criton* (1), mettre dans la bouche de Socrate, ennemi des « lois écrites » et de leurs brutales sanctions, une lyrique apologie du code athénien.

Cette socialisation des gloires individualistes trop éclatantes pour qu'on les puisse éteindre et trop hautes pour qu'on les puisse salir n'est-elle pas une loi de l'histoire ?... Jésus, partisan de l'adoration en esprit et en vérité, ennemi des cultes

(1) Tout est mensonge ou équivoque dans le **Criton.** Ce n'est même pas Criton qui prépara la fuite de Socrate et essaya de le persuader. C'est Eschine. Mais, Eschine étant l'ami d'Aristippe que Platon détestait, Platon n'hésita pas à lui voler sa gloire pour en couronner quelqu'un qu'il aimait. — Au second chapitre du livre IV des **Véritables Entretiens de Socrate,** j'ai essayé de corriger socratiquement le **Criton** et de **reconstituer** le vrai dialogue dans la prison. Au chapitre précédent, j'ai tenté de faire prononcer par Socrate une apologie vraiment socratique.

réguliers, des clergés et des organisations religieuses sera exploité par la plus organisée et la plus extérieure des religions. Les stoïciens, dont quelques-uns furent si purs et de col si roide, auront, dans les jurisconsultes romains, des fils effroyablement infidèles et inconséquents. Ces pillards du Portique multiplieront les lois positives pour réglementer l'esclavage et quelques-uns écriront, comme Ulpien : *Quidquid principi placuit legis habet vigorem*, « Toute volonté du prince a force de loi ».

« Connais-toi toi-même » paraît le premier conseil utile de l'individualisme. L'erreur de Socrate — si Platon est fidèle dans cette partie de l'exposition — est de croire que c'est le seul précepte, qu'il suffira à tout, que la connaissance entraîne nécessairement la vertu, que dès qu'on voit clair on marche droit et que me connaître c'est me réaliser. L'erreur de Socrate, c'est de ne pas remarquer que ma connaissance de moi-même et de mon bien n'est qu'une des forces qui habiteront en moi, que cette force aura à lutter contre d'autres et que seule une volonté sans défaillance me donnera la victoire.

Socrate commet une autre erreur s'il croit que toute science dort en nous et que nous pouvons réveiller dans notre souvenir la connaissance des choses aussi bien que la connaissance de nous-même. Mais le *Ménon*, dialogue où il fait découvrir à un ignorant, par des moyens faussement maïeutiques, la mesure du carré construit sur l'hypothénuse, est sans doute une ingénieuse fantaisie de Platon (1).

Le *Connais-toi toi-même* signifie probablement pour Socrate : « Ne t'inquiète pas des connaissances extérieures. Les carrés et les hypothénuses ne peuvent rien pour ton bonheur, ni les dieux ou les astres ». C'est ce qui donne sens et plénitude à la parole magnifique de Cicéron : « Socrate fit descendre la philosophie du ciel sur la terre ». Socrate a-t-il dit un jour que nous trouvions en nous toute connaissance? Alors, je soupçonne qu'il a voulu dire toute connaissance nécessaire. Pour le sage Socrate, nous trouvons en nous la connaissance des « lois non écrites » de l'action. Le métaphysicien Platon croit nous y faire découvrir aussi les lois mathématiques ou physiques. Socrate ne semble pas homme à s'égarer dans ces vastes rêves et à tituber dans de telles ivresses.

---

(1) Aux **Véritables Entretiens de Socrate**, j'ai reconstruit le **Ménon** de façon plus socratique (livre premier, chapitres X et XI).

Devant les curiosités inutiles au bonheur, il répète en souriant : « Tout ce que je sais, c'est que je ne sais rien ».

Après la mort de Socrate, des disciples plus fidèles que Xénophon l'impérialiste ou Platon le métaphysicien restent tournés vers la sagesse pratique et continuent les deux grands courants individualistes. L'individualisme de la sensibilité est proclamé par les cyrénaïques; l'individualisme de la raison et de l'effort par les cyniques. Mais cyrénaïques et cyniques, encore que les deux écoles doivent durer, nous apparaissent surtout comme des transitions; ils ébauchent deux doctrines plus complètes et mieux équilibrées : l'épicurisme et le stoïcisme.

Le premier des cyniques est un enfant naturel. Il enseigne dans le *Cynosarge*, lieu dédié au grand bâtard Hercule et consacré à l'activité des bâtards. Ils y avaient leur temple, leur gymnase, leur tribunal; Antisthène y établit leur philosophie. Son disciple le plus célèbre, Diogène, est un faux monnayeur, un condamné de droit commun, un exilé, un mendiant, un esclave. Leur doctrine est une réaction, parfois trop brutale dans la forme, contre l'aristocratisme de Platon et des autres disciples infidèles.

Ces hommes que leur situation mettait au ban de la société civile furent des ennemis souvent conscients de la cité et des lois positives.

« Je suis citoyen du monde », disait Diogène après Socrate. Il ajoutait : « Je ne connais qu'un gouvernement digne d'admiration, le gouvernement du Cosmos ». Les paroles et la vie des cyniques n'expriment que mépris pour les distinctions artificielles et légales. La plupart ne demandent les médiocres ressources nécessaires qu'à une mendicité joviale et un peu brusque. Tous montrent qu'il n'y a aucun rapport entre le mérite civique et le mérite éthique. Ils ne placent pas la vertu dans la connaissance, comme le Socrate des *Dialogues*, mais dans la force de souffrir les privations et dans l'indépendance de tout ce qui est coutume ou loi écrite. S'ils renoncent aux biens matériels, c'est surtout parce que le tyran, homme ou loi, dispose de ces biens et, par le désir et la crainte, asservit quiconque s'en préoccupe. Ce renoncement, cette purgation de toute crainte et de tout désir, apparaît au cynique le seul chemin qui conduise à la liberté. Il raille toutes les chaînes sociales : patrie, famille, propriété, et jusqu'à l'honneur, « ce vain bavardage des fous ». Diogène, en pleine guerre, parodie l'activité patriotique : pour n'être pas seul à ne rien faire, il roule, dans Corinthe assiégée et trépidante, le bruit de ses rires et de son tonneau.

Par leurs violentes attaques contre la cité et son artifice, en montrant des philosophes parmi les mendiants et les esclaves, ils heurtent de front les préjugés antiques et quelques mensonges peut-être éternels (1).

Les stoïciens apparaissent d'abord comme des cyniques moins âpres dans la forme. En outre, ils complètent la vertu cynique en ajoutant à la

---

(1) Malgré le titre que je leur ai donné, **Les Paraboles cyniques** s'écartent quelquefois de ce qu'on pourrait appeler le cynisme orthodoxe. Je m'en éloigne encore davantage dans **Les Voyages de Psychodore.** Si je créais un personnage au lieu d'adopter un philosophe connu, c'était, en effet, pour rester libre d'inventer aussi dans la doctrine. Psychodore, précurseur de Zénon de Cittium, me paraît cependant vraisemblable à l'époque et dans le milieu où je l'ai placé.

L'action du **Père Diogène** se passe de nos jours. Ce que le héros dit du cynisme est exact. Mais on devine que, dans le milieu actuel, il ne réussit guère, malgré ses efforts, à réaliser sans déformations l'ancienne vie cynique.

On trouvera le profil du vrai cynique dans **Les Véritables Entretiens de Socrate.** Je présente le livre comme traduit d'Antisthène. Je me suis appliqué, naturellement, à conserver à l'auteur supposé son caractère, sa pensée et son rythme de pensée.

force morale et à l'indépendance de la pensée et du geste le sentiment de la fraternité humaine. La vaste « charité du genre humain » est, en Occident, une découverte des stoïciens. Même les plus infidèles et les plus superficiels d'entre eux, les jurisconsultes, n'oublient pas, dans la théorie, les préceptes d'amour et de liberté. « La société repose sur un certain droit de fraternité », dit Ulpien. Et les *Institutes* affirment, comme un traité de philosophie : « La servitude est un état contre nature ».

Une doctrine qui a du succès finit par être utilisée par quelque parti politique, et déformée. La lutte des cyniques et des stoïciens contre la Cité devient, chez les hommes « pratiques », la lutte contre une certaine forme de cité. La société ancienne reposait sur la liberté politique et l'esclavage civil. Les jurisconsultes s'appuient sur deux fondements contraires : pouvoir absolu et principe de l'égalité naturelle.

Mais les purs philosophes ne mettent leur confiance en aucune forme de gouvernement et en aucune organisation sociale. La Cité est toujours méprisable à leurs yeux parce que toujours elle écrase de façon ou d'autre l'individu; parce que toujours elle divise hostilement la grande famille humaine. Par leurs paroles et par leurs exemples, les vrais stoïciens affranchissent l'homme de la tyrannie de l'Etat. Ils élargissent, jusqu'à lui faire embrasser l'humanité, l'étroite fraternité civique. Pour eux, tous les hommes sont frères, non plus seulement les quelques hommes de loisir et de privilège nés sur le même sol.

Le stoïcisme n'est pas uniquement, comme le cynisme, une attitude morale. C'est un vaste système et solidement construit. Les stoïciens résistèrent jusqu'au bout aux attaques des sceptiques et ils furent les derniers des dogmatiques anciens. Chez eux, comme chez les autres philosophes, ce qui n'est pas sagesse pratique devient, en quelques siècles, simple objet de curiosité et amusante érudition. C'est leur éthique seule à quoi je m'intéresse.

Zenon de Cittium, fondateur de la doctrine, et Ariston de Chio, le plus brillant de ses disciples immédiats, résumaient leur sagesse dans la formule : « Vivre harmonieusement ». Cléanthe, premier successeur de Zénon, l'abandonne déjà pour se rallier à la formule cynique : « Vivre harmonieusement à la nature ». Ce n'est que la systématisation autour de cette dernière formule que nous connaissons par des fragments nombreux et des textes étendus.

D'après ces documents, l'homme, comme tous les autres êtres, n'est que le développement de son principe, de sa raison séminale. Dans les êtres inanimés, ce principe se borne à contenir les diverses parties dans un ordre constant ; il est une *habitude*. Dans le vivant, il est une cause génératrice, une source de vie, une *nature*. Dans l'animal, il est en outre *appétit*, tendance et désir. Dans l'homme, il est essentiellement *raison* et *volonté*.

L'être, dès sa naissance, recherche tout ce qui est approprié à sa constitution, fuit ou repousse ce qui y est contraire. Il tend au maintien de son être. Il y parvient par une série d'*opérations convenables* ou fonctions. Dans la plante, les seules fonctions sont celles de nutrition et de reproduction. Dans l'animal, aux fonctions végétatives s'ajoutent sensation et locomotion. L'homme, outre les opérations végétatives et animales, exerce les fonctions de la raison : acquisition du savoir, tempérance et courage. Par elles-mêmes, ces fonctions naturelles, ces premières choses conformes à la nature, sont indifférentes. Elles n'acquièrent de valeur que comme moyens appropriés à une fin plus élevée, qui est l'ordre, l'harmonie et la beauté de ces fonctions. Cette harmonie, cette beauté, cet ordre, but de la vie, les stoïciens l'appellent les secondes choses conformes à la nature, les secondes fins de la nature.

Tous les actes de la vie sont la matière de la vertu ou du vice. La vertu réside uniquement dans la *forme*, c'est-à-dire dans la volonté qui, tendue à travers les actes, fait leur unité et leur harmonie.

Le sage se suffit à lui-même. Mais la société est naturelle et elle offre à la forme du sage une riche matière. Qu'il se souvienne seulement que la société qui est naturelle est celle qui unit entre eux tous les hommes. C'est l'homme, non le citoyen, que j'aime naturellement. « L'homme est par nature ami de l'homme. »

Ainsi l'éthique stoïcienne est indépendante de toute politique.

Est-elle indépendante de toute métaphysique?

Dogmatique et systématique, le stoïcien a une tendance à rapprocher l'homme et le monde. Pour lui, il y a un Dieu dans le monde comme il y a une vertu dans le sage. Certes, il n'a pas la naïveté de concevoir le divin comme une personne. Dieu ou la vertu, c'est l'effort interne qui produit l'harmonie, c'est la loi en travail qui fait de l'univers, comme du sage, une beauté, un ordre, un cosmos. Aussi le stoïcien aime et adore la loi cosmique. La résignation, ou plutôt le consentement joyeux et admiratif aux nécessités naturelles est un des aspects de la vertu. L'hymne de Cléanthe proclame : « Rien ne se fait sans toi sur la terre, ô Dieu, rien dans le ciel éthéré, rien dans la mer, rien, hors les crimes que les méchants commettent dans leur folie. Par toi, ce qui est excessif rentre dans la mesure, la confusion devient ordre et la discorde, harmonie. Tu fonds de telle sorte ce qui est bien avec ce qui ne l'est pas qu'il s'établit dans le tout une loi unique, éternelle, que les méchants, seuls, abandonnent et méprisent ».

Si les stoïciens construisent leur monde et leur sage sur le même modèle, s'ils voient Dieu comme une vertu cosmique et la vertu comme un Dieu qui siège dans le cœur de l'homme, au moins leur éthique reste pure de sanctions extérieures. Chrysippe dit : « Ce n'est pas un bon moyen de détourner les hommes de l'injustice que la crainte des dieux. Tout ce discours sur les vengeances divines est sujet à beaucoup de controverses et de difficultés. Il ne diffère guère de ces contes sur Acco et Alphitto (1), par quoi les nourrices empêchent les enfants de mal faire ».

La grande doctrine morale du stoïcisme est la doctrine des *choses indifférentes*. Tout ce qui ne dépend pas de moi, si je suis stoïcien, je l'appelle indifférent. Malgré les querelles qu'on a faites au Portique à ce sujet, c'est mon droit, puisqu'on s'accorde à reconnaître que « les définitions sont libres ». C'est peut-être habileté et noblesse : cette définition est une des forces qui m'entraîneront et me soutiendront. Ces choses que, par un acte d'abord plus volontaire qu'intellectuel, je proclame indifférentes, je parviendrai peu à peu à me les rendre indifférentes en effet. Ma définition indique d'abord un but à réaliser; elle dira de plus en plus, si je le veux, une réalité subjective.

Les choses qui dépendent de moi sont mes opinions, mes désirs, mes inclinations, mes aversions, en un mot toutes mes actions intérieures.

Les choses qui ne dépendent pas de moi sont le corps, les richesses, la réputation, les dignités,

(1) Sortes de croquemitaines.

en un mot tout ce qui n'est pas au nombre de mes actions intérieures (1).

On voit que le stoïcisme est une philosophie socratique : le « connais-toi toi-même » est à sa base. La sagesse, effort pour réaliser tout le bien qui dépend de moi, indifférence pour ce qui n'en dépend pas, s'appuie sur une critique de la volonté. Le savant positiviste, pour donner toute son intelligence au connaissable, se désintéresse de l'inconnaissable. Le stoïcien, pour utiliser tout son effort avec efficacité, se désintéresse de l'impossible. Le stoïcisme est un *positivisme du vouloir* (2).

---

(1) Epictète, qui a le mieux exposé la doctrine des choses indifférentes, est le personnage central de **Les Chrétiens et les Philosophes.**

(2) Dans une très profonde et très subtile étude intitulée **Individualisme et Personnalisme,** (La Pensée Française, 8 juin 1925), le collaborateur et continuateur de Charles Renouvier, M. Louis Prat, soutient que la doctrine des stoïciens n'a rien d'individualiste puisque « ils donnent pour fondement à leur éthique une métaphysique » et puisque, pour eux, « ce n'est plus l'individu homme qui est la mesure des choses, c'est l'humanité ou, plus exactement, pour reprendre une formule stoïcienne, la raison universelle ».

Si nous devions refuser le nom d'individualisme à toute éthique qui se mêle de vues métaphysiques et qui, à un moment ou à l'autre, affirme quelque chose d'universel,

Le « Connais-toi toi-même » est, depuis Socrate, le point de départ de tout individualisme un peu méthodique. A la question : « Que suis-je? » deux réponses principales ont été faites : « Je suis un homme » ou « Je suis un vivant ». Pour les stoïciens, je suis et surtout je m'efforce d'être une harmonie ébauchée par la nature et que ma volonté rendra plus belle, plus « sphérique ». Cette harmonie, telle que la comprennent Zenon, Cléanthe et Epictète ne saurait être réalisée, perfectionnée et conservée que par la raison et par l'effort continu

---

peut-être l'histoire ne nous offrirait-elle plus aucun individualisme. Nietzsche — en qui M. Louis Prat voit « le véritable héritier à notre époque de l'individualisme de Protagoras » — prétend découvrir ce qu'il y a de plus profond et de plus universel non point seulement dans l'homme et l'être raisonnable, mais dans le vivant. Vais-je demander à M. Louis Prat d'être rigoureusement conséquent avec lui-même et de retirer à Nietzsche aussi le diplôme d'individualisme?

Accorderai-je sans réserve ni hésitation que les stoïciens « donnent pour fondement à leur éthique une métaphysique? » Je crois voir sur ce point quelque flottement dans l'école. Zénon semble donner raison à M. Louis Prat. Il compare la philosophie à un animal : les os et les nerfs forment la logique; la chair est l'éthique; l'âme, la métaphysique. Une autre similitude, très ancienne aussi dans l'école, mais j'ignore si elle vient de Zénon ou de Cléanthe, confirme cette vue. La philosophie est un jardin :

pour faire dominer en moi la raison, faculté proprement humaine.

Mais les individualistes sont nombreux qui, au lieu de proclamer : « Je suis un homme », proclament : « Je suis un vivant ». Ceux-là même se divisent dès qu'ils se demandent : « Qu'est-ce qu'un vivant? Qu'est-ce qui est le plus profond et le plus important chez le vivant? »

Je suis un vivant, c'est-à-dire, d'après Calliclès, Hobbes et Nietzsche, une aspiration à la domination; d'après Aristippe et Epicure, une aspiration au plaisir.

---

la logique est la haie; la métaphysique, la terre et les arbres; la sagesse pratique, le fruit. Mais Ariston de Chio rejette la logique comme inutile et la métaphysique comme au-dessus de la portée humaine. Ariston — objectera justement M. Louis Prat — est un hérétique. Il manifeste pourtant et exagère une tendance du stoïcisme. Epictète ne répète pas sans une manière de négligence les vues dialectiques ou physiques de Chrysippe et il exprime parfois directement son dédain pour tout ce qui n'est pas sagesse pratique. Chrysippe déjà rejetait les similitudes célèbres par quoi ses prédécesseurs illustraient les rapports entre les diverses parties de la philosophie et l'on pouvait, d'après lui, commencer indifféremment l'exposé de la doctrine par la canonique, la physique ou l'éthique.

Dialectique et physique stoïciennes sont, à mes yeux, des curiosités archéologiques. J'use de l'autorisation que

Si j'aspire à la domination, ma sagesse se confondra avec ma politique; mon individualisme d'un instant ne tardera guère à se préoccuper des autres hommes. Il est probable que, pour me les soumettre, je me soumettrai, au moins en apparence, à leurs préjugés. J'aboutirai à un petit ou grand machiavélisme. Je serai, selon mon génie ou mon courage, telle petite ordure sans nom ou Napoléon, cet Himalaya d'infamies. Ma vie, ruse et mensonge, sera une longue comédie qui risquera de contenir quelques éléments abominablement tragiques, quelques « cruautés bien employées ». Mon

---

m'accorde Chrysippe et je commence mon exposition par l'éthique. Ensuite, j'écoute le conseil quelquefois explicite d'Epictète et je m'arrête avant d'étudier les inutilit's.

Il me semble que je souris trop en ce moment et avec une satisfaction d'avocat. Il sera plus équitable de faire à M. Louis Prat une importante concession. Vue d'ensemble, la doctrine stoïcienne (qui n'est plus que curiosité) n'est peut-être pas individualiste. Mais certaine méthode stoïcienne, qui reste toujours utilisable, a bien ce caractère. Du stoïcisme je ne conserve guère que la volonté et l'art de me rendre, pendant les crises, « indifférentes toutes les choses qui ne dépendent pas de moi » c'est-à-dire, définit Epictète, « tout ce qui n'est pas du nombre de mes actions intérieures ». Mon amour, mon attention et mon effort portés uniquement sur « mes actions intérieures », voilà qui me paraît individualiste jusqu'au subjectivisme.

ironique morale sera celle du cruel Octave et de l'adroit Auguste. Heureux, je demanderai à mes amis, sur mon lit de mort, d'applaudir une farce savante. Mais le succès est rarement durable; il y a des chances plus grandes pour que, comme César Borgia et Napoléon, je meure dans le désespoir.

Si je crois que je suis surtout une aspiration au plaisir, l'exemple des cyrénaïques et plus encore celui des épicuriens grecs montre que je puis arriver, comme les stoïciens, à un noble individualisme d'harmonie.

Autant que de ce qui est écrit sur les sophistes, il faut se méfier de ce qui est écrit sur Aristippe

---

La formule aussi me ravit par quoi Zenon manifeste une sagesse plus individualiste, plus subjectiviste et, si j'ose le dire, plus éloignée de la métaphysique que celle même des cyniques, qu'il faut entendre, reconnaît M. Louis Prat « dans un sens nettement individualiste ». Zenon me conseille « de vivre harmonieusement » et il repousse le complément cynique, « harmonieusement à la nature ».

Mes classifications sont des instruments de travail. Historiquement et à considérer le monument complet, M. Louis Prat peut avoir raison. Mais je néglige ici les ruines mêmes magnifiques; et le pavillon stoïcien encore habitable est bien individualiste et subjectiviste.

et sur Epicure. L'épicurisme a fleuri en larges communautés plus de sept siècles. Il a toujours été considéré avec hostilité par le peuple, par les gouvernements, par les religions successives et même par beaucoup de gens qui se croyaient philosophes. Cicéron exprime une opinion fort commune quand il déclare aimablement que l'épicurisme relève de la répression légale plus que de la discussion philosophique. L'épicurisme est la plus calomniée parmi les doctrines qui ont duré.

Aristippe, qui est, en éthique, le grand précurseur d'Epicure, est un disciple direct de Socrate, mais il avait écouté d'autres sophistes. Xénophon nous le montre discutant hardiment contre son dernier maître. Pour lui, les idées de justice, d'honneur et de honte n'ont rien que d'artificiel. Le philosophe doit devenir étranger à son temps et à son pays, éviter avec le même soin de commander et d'obéir, agir toujours comme s'il n'y avait pas de lois écrites.

Aristippe se cherche lui-même et son plaisir. Il affirme que le plaisir est un fait positif et que tous les plaisirs sont égaux. Mais prenons garde. Plusieurs sont mêlés de douleur ou suivis par la douleur. La sagesse, qui consiste uniquement à savoir choisir, comprend deux parties : intelligence et maîtrise de soi.

Aristippe croit impossible de découvrir les causes naturelles. D'ailleurs, la sagesse de la conduite lui paraît seule mériter qu'il y applique sa puissance intellectuelle; il n'en veut rien distraire pour des recherches à la fois inutiles et inefficaces. Quelques anecdotes, qui probablement ne sont pas toutes vraies, mettent surtout en lumière sa souplesse et son art souriant de se plier aux circonstances. Cependant il exigeait dans le sage l'accord de la parole et de la conduite et il sut, à l'occasion, montrer une fermeté narquoise.

Sa rare puissance d'ironie semble avoir surtout frappé ses subtils contemporains. A nos yeux, sa grande vertu est la maîtrise de soi, le don délicatement grec de la mesure. Il savait, sans presque jamais le blesser ou en le désarmant par le rire, parler avec une liberté malicieuse au roi sur qui il fondait sa cuisine. Des jeunes gens s'étonnant de le voir entrer chez une courtisane, il répondait : « La laideur n'est point d'entrer ici; la laideur est de n'en point savoir sortir. » Son mot sur Laïs est célèbre : « Je la possède; elle ne me possède point. » Malgré tous ses mérites, nous pardonnons difficilement à Aristippe d'avoir été une sorte de bouffon de cour (1) comme Diogène était une sorte de bouffon populaire.

De même que le cynisme ne se fondit pas dans le stoïcisme, il y eut longtemps quelques cyrénaïques en face de nombreux épicuriens. Tous se firent remarquer par la liberté de leur esprit. La netteté de ses opinions valut à Théodore d'être surnommé l'Athée. Il répétait volontiers : « Le monde est ma patrie. » Il disait encore : « Se sacrifier à la patrie, c'est renoncer à la sagesse pour sauver les fous. » — On sait les travaux d'Evhémère et leur hardiesse critique. — Un des plus célèbres cyrénaïques, Hégésias, fit dévier singulièrement la doctrine : il employait une éloquence, qu'on nous affirme efficace, à pousser les hommes au suicide.

L'épicurisme, doctrine savamment équilibrée, compta des disciples innombrables, souvent groupés en communautés fraternelles. Plusieurs de ses « dogmes » sont encore utiles.

---

(1) Sur Aristippe, voir dans **Les Paraboles cyniques**, passim, et particulièrement **La Lyre d'Orphée** et **Les Deux Rossignols**. Voir aussi **Les Véritables Entretiens de Socrate**.

Il lui est dû dans l'histoire de la sagesse une place peut-être égale à celle du stoïcisme.

A le regarder superficiellement, l'épicurisme est un système complet, une explication de l'univers aussi bien que de l'homme. Vu de près, il est une sagesse indépendante et il n'est qu'une sagesse. Sa physique, négligemment empruntée à Leucippe et à Démocrite, n'a pour l'épicurien qu'une valeur libératrice : elle doit purger l'esprit de toute crainte religieuse, déblayer en quelque sorte le terrain sur quoi se construira le bonheur. Quant aux dieux, peu importe qu'Epicure affirme de bonne foi leur existence ou que soit juste l'accusation d'athéisme portée contre lui par les populaces païenne et chrétienne. Heureux et paresseux, négligents des choses humaines, épicuriens de l'Olympe qui s'inquiètent de nous aussi peu que l'épicurien du jardin s'inquiète de l'Etat, ses dieux sont indifférents au sage. Tout lien est coupé entre la conduite de l'homme et la théologie.

Autant que de toute métaphysique à conséquences morales, l'épicurien est affranchi de toute politique. Pour les fonctions civiques et les honneurs sociaux, cet homme libre professe le plus profond mépris. Epicure écrit avec dédain : « Le peuple n'approuve pas ce que je sais et ce que le peuple approuve, je l'ignore. » Dans une lettre à Idoménée, il recommande de ne se pas asservir aux lois et aux opinions reçues. Le plus cher de ses disciples, Métrodore, déclare : « Un homme libre peut avec raison se moquer de tous les hommes ordinaires, même des Lycurgue et des Solon. »

Cette sagesse si admirablement affranchie, la meilleure façon de me la rendre présente, c'est peut-être de la grouper autour d'un symbole que je lis dans Lucrèce mais qui, d'aspect classique, remonte sans doute aux origines de l'école.

Même, historiquement, la comparaison du cœur humain à un vase est plus ancienne ; on la trouve dans le *Gorgias*. Et il est vraisemblable que des sages antérieurs utilisaient en parabole éthique le mythe du tonneau des Danaïdes. Mais l'épicurisme en a fait un des chefs-d'œuvre et une des plénitudes du symbole.

Chez l'homme ordinaire, le vase a deux défauts : il est souillé et il est percé. Le sage est celui qui a su nettoyer le vase et en fermer le fond.

Ce qui entre au vase vulgaire est corrompu par diverses craintes. Nettoyer le vase, c'est purger son cœur de toutes ces inquiétudes. La physique nous apprend que rien n'arrive sans causes naturelles; la théologie nous enseigne des dieux désintéressés et dont les heureux loisirs nous ignorent : par ces deux connaissances, nous voici affranchis de la crainte des dieux et de la terreur des enfers. Dès qu'on est délivré de la croyance à l'au-delà, un raisonnement très simple détruit la peur de la mort : la mort ne concerne ni le vivant ni le mort; tant que je suis, elle n'est pas; dès qu'elle est, je ne suis plus. — On se guérit de la crainte de la douleur en remarquant que, si la douleur est grave, elle est brève et que, si elle peut durer longtemps, c'est qu'elle est légère. *Si gravis, brevis; si longa, levis.*

Cette dernière crainte est cependant la moins absurde. Un raisonnement, si ingénieux soit-il, ne suffit peut-être pas à la conjurer. Il faut en fermant le vase, noyer les rares douleurs inévitables dans l'abondance du plaisir et, finalement, les transformer en plaisirs.

Car le grand mal de l'homme vulgaire, c'est que son cœur n'est pas seulement un vase empoisonné, mais un vase sans fond, le tonneau des Danaïdes. Chez lui, tout plaisir s'écoule inutile. Nuisible souvent : cette eau de mer accroît la soif loin qu'elle l'étanche. Comment remédier à ce défaut et fermer le fond du vase? Il suffit pour cela de connaître la nature de nos désirs.

L'analyse et la critique du désir sont peut-être ce qu'il y a dans l'épicurisme de plus admirable et de plus utile.

Epicure distingue trois sortes de désirs. Envers chaque espèce, l'attitude du sage sera différente.

Il y a des désirs *naturels et nécessaires*, comme la faim et la soif. Le sage les satisfait. Il supprime ainsi une douleur et un trouble. Ainsi il se donne des plaisirs qui sont souverains et inaugmentables. Ces besoins sont d'ailleurs peu exigeants et faciles à rassasier. L'eau et même le pain ne sont pas choses rares.

Il y a, en second lieu, des désirs *naturels* mais *non nécessaires*, celui, par exemple, de varier ses aliments. Le sage leur accorde négligemment ce qui se présente de soi-même. Il leur refuse ce qui demanderait quelque effort et ne permet pas à ces sourires naturels de devenir exigences et besoins artificiels. Incapables d'accroître le plaisir, ils le varient seulement. Cette diversité est d'un prix suffisant pour qu'Epicure accueille, aux jours de fête, les figues et le « fromage cithridien », non pour qu'il travaille et sue à se les procurer.

Enfin, il y a des désirs qui ne sont ni naturels

ni nécessaires, le goût des honneurs ou de l'argent, par exemple. Ceux-là, il faut tout leur refuser, les détruire en nous par inanition. Car ils sont nos pires ennemis. Ils sont — quand les craintes de l'au delà, de la mort, de la douleur, ont disparu de notre cœur — nos seuls ennemis. Leur avidité est sans limites. Tout ce que tu leur accordes grandit leur force et leurs exigences. Nul bonheur n'est possible à qui reste esclave de ces odieux et ridicules besoins artificiels.

Il n'existe pas d'état indifférent. Pas de milieu entre le plaisir et la douleur. Ce prétendu milieu est le plus grand des plaisirs. Dès que mon corps ne souffre d'aucune douleur, mon esprit d'aucune agitation, je puis « disputer de félicité avec les dieux. » Je suis, en effet, à ces heures magnifiques, un être qui jouit de tout lui-même et de son eurythmique activité.

A l'origine, il n'y a de plaisirs que les plaisirs du corps; des seules voluptés corporelles naissent les joies de l'esprit; mais ces filles sont plus grandes que leurs mères. Le corps ne sent que l'instant présent; l'esprit jouit du passé et de l'avenir. Quand le vase est sagement fermé, son trésor ne laisse perdre aucun souvenir heureux et j'y puis verser utilement mille prévisions joyeuses. Les voluptés ne passent et ne s'évanouissent que pour les insensés; elles restent toujours présentes au sage. Son cœur est toujours plénitude. Par la mémoire et par l'espérance, le sage accroit l'intensité des voluptés présentes et il en efface d'une manière continue les inégalités. Tout ce qui tombe dans un tel vase y prend la saveur et l'odeur de ce qu'il contient. Versée dans cette immense douceur, une goutte d'amertume réussit à en relever le goût et à en augmenter la quantité. Et voici le sage définitivement affranchi de toute douleur. Nulle souffrance particulière ne troublera plus sa vaste, son unanime joie. Epicure mourant écrit à Idoménée : « C'est au plus heureux et au dernier jour de ma vie que je t'écris cette lettre. J'éprouve des douleurs de vessie et d'entrailles si vives qu'elles ne sauraient s'accroître. Mais tout cela est noyé sous la joie que verse à mon esprit le souvenir de mes dogmes et de mes découvertes. »

Ruisseau jeté dans l'océan du *plaisir constitutif*, la douleur n'existe plus pour le sage. Epicure disait : « Même sur un bûcher, je m'écrierais : Quelles délices! »

Ecarter les obstacles qui s'opposent à la pureté, à la continuité et à la plénitude du plaisir; ne craindre ni la mort qui anéantit tout sentiment ni la divinité qui, si elle existe, ne se préoccupe point de l'homme; mépriser la douleur, légère quand elle se prolonge, brève et destructrice d'elle-même quand elle est forte; ne pas laisser échapper les voluptés passées, mais les retenir et les alimenter par un souvenir assidu; engloutir et annihiler dans cet océan la petitesse ridicule du présent dès que le présent, isolé, serait souffrance : voilà la sagesse, voilà le souverain bien, voilà l'art subtil et délicat de l'épicurien.

L'épicurisme et le stoïcisme, nobles fleurs de Grèce, il faut éviter de les juger sur leurs déformations latines. Le Romain, politique incurable, déforme mécaniquement, dès qu'il y touche, toute doctrine individualiste. Son épicurisme est une philosophie de mauvais lieu ou un pessimisme éloquent. Son stoïcisme devient, sous les premiers Césars, une attitude d'opposition et plus tard, avec les jurisconsultes, un programme de réformes pauvres.

Il reste quelque beauté inquiétante, comme une lumière de reflet, sur ces gauches imitations. J'ai rencontré aux *Institutes* des déclarations de liberté et d'amour. Sénèque est fertile en formules ingénieusement ramassées qu'admire mon esprit. Plusieurs stoïciens politiques indignent Tacite par l'inutilité, c'est-à-dire précisément par la noblesse, de leur « mort ambitieuse ». Mais jamais Romain ne nous donne la joie de cette harmonie parfaite où l'héroïsme ne se roidit plus en effort. Seuls les Grecs semblent avoir réalisé, dans leur grâce simple, la vie et la mort philosophiques. Les meilleurs des Romains restent toujours un peu des philosophes de théâtre. Il suffit, pour saisir la différence, de comparer la mort souriante de Socrate et la fin de Thraséas, ostentatoire comme un dénouement de tragédie. La grandiloquence de Thraséas qui secoue le sang de ses bras en s'écriant : « Offrons cette libation à Jupiter libérateur » semblerait barbare à ces Grecs dont la vertu s'orne de sourire et de facilité. Quel charme fin et délicat aux derniers moments de Socrate ou de Zénon de Cittium. Les Muses sourient quand le premier, guéri de la vie, recommande : « N'oublie pas que nous devons un coq à Esculape » (1) ; quand le second se contente de répéter un vers d'Euripide : « Terre, tu m'appelles; me voici. »

---

(1) Je ne crois pas exacte cette **traduction,** si j'ose dire, platonicienne. Mais le sourire grec y est conservé... Voir, à ce sujet, **Les Véritables Entretiens de Socrate.**

CHAPITRE IV

Contenu des Morales et des Sagesses

A côté des morales théologiques ou métaphysiques, politiques ou civiques, l'antiquité me présente des sagesses indépendantes et qui, si on s'intéresse uniquement à la pratique, manifestent toutes un caractère individualiste. Vers elles m'entraînent mon cœur et ma raison. Je suis tenté de les étudier de près, en critique qui espère. L'une d'elles, peut-être, telle que la dressent les textes ou légèrement transformée, me paraîtra la demeure sûre et heureuse. Peut-être aussi plusieurs se peuvent rapprocher et réunir, palais agrandi. Je résiste à la tentation de pénétrer dès maintenant dans le détail. Curieux qu'un regret arrête sur la pente et fait remonter par un sentier différent, je reviens en arrière, pour regarder, d'un autre point de vue, le panorama des éthiques. Sans oublier complètement leurs alliances avec des disciplines étrangères, je désire maintenant les comparer d'après leur contenu.

Je crois les voir se distribuer en quatre groupes. Au fond de la vallée, d'humbles morales se tapissent comme des chaumières. En voici qui, sur des sommets peut-être artificiels et sur des mottes, dressent des châteaux d'orgueil. Les premières montrent le salut dans l'obéissance; les secondes le font voir dans la domination. D'un groupe émouvant monte un parfum et un cantique d'amour. Un autre fait entendre le plus viril des hymnes et je distingue ce refrain : « Connais-toi afin que tu te réalises. »

Pour la facilité de l'exposition, je vais imposer un nom à chaque groupe. J'appellerai *servilismes* les doctrines d'obéissance; *dominismes*, les systèmes de domination; *fraternismes*, les éthiques qui prêchent directement l'amour et la fraternité.

Devant le quatrième groupe, j'éprouve une souriante hésitation. J'aimerais réserver le nom d'individualismes à ces sagesses qui me conseillent de me connaître, de me réaliser, d'être pleinement ce que je suis. L'histoire ne permet peut-être pas cette étroite définition. Certains dominismes ont eu, sous le nom d'individualisme, un succès très vif. D'ailleurs, quelque différence que présentent les fleurs et les fruits, le dominisme et la sagese de la réalisation intérieure ont, me semble-t-il, des caractères communs et leurs tiges, de loin, paraissent ériger les mêmes attitudes héroïques. Je désignerai donc les individualismes qui ne songent pas aux conquêtes extérieures par le nom de *subjectivismes*.

•

Les morales théologiques, qui nous commandent d'obéir à la volonté divine, paraissent d'abord toutes des servilismes. Il faut cependant établir une distinction. Si Dieu a fait connaître sa volonté par une révélation dans le temps ; si cette révélation est conservée par une tradition ; si cette tradition est un dépôt entre les mains d'un certain nombre d'hommes ; si, en un mot, le système admet une Eglise avec un clergé qui enseigne et des fidèles qui écoutent et obéissent : nous avons une véritable morale d'esclaves, une morale qui, sous prétexte de nous incliner devant Dieu, nous asservit à ses prétendus interprètes. Si, au contraire, Dieu parle en chacun de nous par la seule voix de la conscience ; si nous devons repousser les ingérences humaines dans nos rapports avec Dieu et, pour mieux entendre, tout intérieure, la voix souveraine, faire taire les paroles étrangères; si Dieu, ne demandant d'autre sacrifice qu'un cœur pur et aimant, repousse tout intermédiaire entre ce cœur et lui : nous avons, malgré la naïve objectivation du dieu intérieur, une sagesse libératrice. Dans la mesure où nous pouvons dégager l'enseignement de Jésus, condamné par les clergés contemporains, ridiculement déformé par les clergés postérieurs, il y aurait injustice à le confondre avec les morales cléricales.

Autant qu'on la peut connaître ou deviner, la doctrine que les sociaux durent crucifier, présente plusieurs caractères de la sagesse indépendante.

Les morales loyalistes me soumettent directement à des maîtres. Les morales civiques me soumettent à des lois fabriquées et appliquées par des hommes. Elles n'ont rien de plus indépendant que les morales cléricales.

Dans l'organisation dite démocratique, quelques naïfs et quelques habiles affirment que la loi est l'expression de la volonté générale. La cité républicaine serait un accord de volontés, non un groupement de servitudes. Pourquoi la volonté exprimée par la moitié plus un des citoyens serait-elle l'expression de la vérité et la créatrice du bien? La sagesse est-elle si commune qu'il suffise de compter les voix pour entendre sa voix? Peut-être est-ce le contraire et Phocion applaudi a-t-il raison de demander : « Quelle sottise a pu m'échapper? » Si le critérium me paraît incertain; si je ne répète pas avec la même assurance que Sénèque *Argumentum pessimi, turba,* c'est que j'aime examiner directement les questions, non suivre ou fuir les opinions.

Chaque fois qu'elle se trompe, la volonté exprimée par la majorité devient servitude pour ceux même qui la croient avoir : il n'est pire esclavage que l'erreur active... Une méthode qui écrase les minorités n'écrase-t-elle pas tout le monde? Non, vous ne méprisez pas l'esprit humain jusqu'à croire un seul homme assez banal pour appartenir à la majorité par toutes ses opinions?

La cité antique écrasait complètement, sous les citoyens, la foule des esclaves. Dans la patrie moderne, le citoyen et l'être humain se confondent-ils? Pourquoi la femme, par exemple, cette chère bavarde, subit-elle le silence politique?

Mais la cité moderne n'est que mensonge grossier, apparence bonne à tromper les nigauds. Nos sénateurs, tout en vantant la liberté, se gargarisent du mot d'Aristote : « Le citoyen appartient à l'Etat. » Ignorent-ils qu'au sens aristotélique, il n'existe nulle part aujourd'hui un seul citoyen?

Pour Aristote, le caractère distinctif du citoyen, c'est la participation aux fonctions publiques. L'Etat a deux fonctions principales : légiférer et juger. Le membre de l'Etat, le citoyen, est celui qui juge et qui fait partie des assemblées législatives. Nos magistrats d'aujourd'hui sont des demi-citoyens. Demi-citoyens aussi nos députés et nos sénateurs. Ceux de la multitude, dont tout l'office est de subir l'arbitraire des lois, et des faiseurs de lois, et des appliqueurs de lois, il faut vraiment l'audace d'un candidat ou d'un bavard qui « rend compte de son mandat » pour les appeler « citoyens ». Sans doute, un grand nombre d'entre eux — heureux membres de la majorité! — contribuent à faire pour quatre ans ou pour neuf ans un demi-citoyen et j'admire ce qu'il reste de royal dans un geste d'abdication. Mais Aristote, s'il cherchait dans l'organisation actuelle un citoyen, allumerait la lanterne de Diogène et, après nous avoir tous regardés, déclarerait qu'elle n'a éclairé que des faces d'esclaves.

Morales cléricales et morales civiques ont ce caractère commun de grouper non point tous les hommes, mais une partie des hommes; de les grouper non en tant qu'hommes, mais en tant que fidèles d'une même croyance ou en tant que compatriotes. Et nos devoirs, paraît-il, ne sont pas les mêmes envers ces frères ou ces concitoyens et envers les autres hommes. Nous devons défendre les premiers; mais les étrangers ou les infidèles, souvent à craindre, sont parfois bons à tuer. Il est méritoire, certains jours, de les piller, de violer leurs femmes, de les conquérir, de les asservir à notre « liberté » ou à notre sainte religion. Ce sont là morales de troupeaux, dit Nietzsche avec trop d'indulgence. Morales plutôt ou disciplines d'armées et de bandes.

Contre ces prédications d'obéissance qui éteignent dans l'individu toute lumière personnelle, et amortissent tout ressort éthique, s'élèvent les exhortations contraires des Calliclès, des Stendhal, des Nietzsche. Ceux-là veulent nous enseigner ou s'enseigner non plus la servitude, mais la domination.

A la fin du XIXe siècle et au commencement du XXe, le succès de Nietzsche avait permis à sa doctrine d'accaparer le nom d'individualisme. Quand Brunetière et quelques autres avaient combattu le nietzschéisme, ils se vantaient d'avoir abattu l'individualisme. A cette époque, dans divers milieux populaires, j'exposais, sous le nom d'individualisme, une sagesse voisine de l'éthique stoïcienne. Toujours quelque nietzschéen se levait pour m'interdire le titre glorieux. Ainsi, pour les disciples comme pour les adversaires, il n'y avait d'autre individualisme que celui du danseur Zarathoustra. Le jeu de la discussion a ses règles : je répondais à mon contradicteur en lui refusant le nom qu'il me refusait. Je souriais pendant l'inutile et superficielle controverse ; mais lui restait sérieux. Tout nom de doctrine devient, au moins pour un temps, ici un titre de noblesse, là une injure ; et il est difficile, à certaines époques, de prononcer sans passion certains mots en *isme*.

Le point de départ de Calliclès, de Stendhal ou de Nietzche est individualiste. « Ceci est mon bien que j'aime, — s'écrie Zarathoustra, — c'est ainsi qu'il me plaît tout à fait, ce n'est qu'ainsi que je veux le bien... Je ne le veux point tel le commandement d'un Dieu, ni tel qu'une loi et une nécessité *humaine* » (1).

---

(1) Je souligne le mot pour la légère incertitude de sa signification. Je crois que ce qui est repoussé ici, c'est la loi écrite et la nécessité créée par les hommes. A l'entendre autrement, à supposer que Zarathoustra rejette la

Mais ce bien qu'il veut, c'est la puissance, la puissance sur d'autres hommes. Comme Hobbes, il ne voit rien de plus « universel et de plus profond dans la nature que le besoin de dominer... Partout où j'ai trouvé quelque chose de vivant, j'ai trouvé de la volonté de puissance; même dans la volonté de celui qui obéit, j'ai trouvé la volonté d'être maître. »

Peut-il y avoir des maîtres sans esclaves? Pas plus que des esclaves sans maîtres. Les servilistes sont forcés d'admettre implicitement deux morales : celle des maîtres à côté de celle des esclaves. La même nécessité s'impose aux dominístes. Nietzsche, qui en a conscience, l'accepte joyeusement. « Es-tu celui qui avait le droit de s'échapper du joug? Il y en a qui perdent leur dernière valeur

---

loi non écrite et la nécessité naturelle, on se trouverait devant une de ses innombrables et décevantes contradictions. (Sur les contradictions nietzschéennes, les curieux pourront lire, dans mes **Apparitions d'Ahasvérus**, le chapitre VIII). Nietzsche, en effet, comme va l'indiquer le texte, affirme que la volonté dominatrice est la première des tendances naturelles, ce qu'il y a de plus profond dans le vivant. — Mais peut-être méprise-t-il l'étroitesse de ce qui est assez peu universel pour n'être qu'humain. Alors ce libérateur réclamerait une **nécessité** plus lourde et inéluctable; ce dominateur passerait sous un niveau plus bas.

en quittant leur sujétion. » Il proclame, parmi des fanfares, l'inégalité des hommes et que cette inégalité est un grand bien. Il ne songe pas à la diminuer, mais à l'accroître. « Il faudra mettre entre eux toujours plus de guerres et d'inégalités. » Il définit la société « une tentative, une longue recherche, mais elle cherche celui qui commande. » Il dit, dans *Le Gay-Savoir* : « Nous réfléchissons à la nécessité d'un ordre nouveau et aussi d'un nouvel esclavage, car, pour tout renforcement, pour toute élévation du type homme, il faut une nouvelle espèce d'asservissement. » Il est caractéristique que Napoléon soit, pour Nietzsche, l'ébauche du surhomme, comme il est le héros de Stendhal : Napoléon, l'Italien que Machiavel eût préféré à César Borgia; Napoléon, ce César Borgia mieux épanoui, ce *prince* qui réussit largement et... longtemps.

Les individualistes de la mesure et de la volonté d'harmonie repoussent les individualistes de l'appétit et de la volonté de puissance plus énergiquement encore qu'ils n'écartent les servilistes. Mais ceux-ci pourraient accueillir les dominístes et prêcher à leur profit.

— Nous enseignons la morale, diraient certains théologiens ou certains professeurs de civisme, et vous pratiquez la politique. Admirez combien notre morale facilite votre politique et, vraiment, sans votre amour du commandement, à quoi et à qui servirait l'obéissance que nous louons? Nous vous préparons un peuple soumis, nous vous le livrons sans défense et prêt aux plus aveugles complicités. Vous êtes trop bons calculateurs : il y aurait injure à vous prier de ne le point écraser sans raison et de ne point diminuer inutilement la force de vos outils. Vous êtes de bons maîtres, de bons princes, de bons hommes supérieurs, de bons surhommes. Nous faisons des consciences vos humbles alliées et vos servantes. Nous allons répétant que « toute puissance vient de Dieu » et nous vous proclamons les représentants terrestres, les verbes et les vicaires de « celui qui règne dans les cieux ». Ou, si Dieu n'est plus à la mode, vous devenez les glorieux gardiens de l'Ordre. Pour vous, mais pour vous seuls, nous admettons votre éthique — et un peu pour nous, n'est-ce pas? Pourtant, soyons prudents, évitons de dire trop clairement certaines vérités, qui sont dangereuses. Nous nous sommes fait huer, quand notre zèle maladroit a distingué « les deux morales ». Celle qui vous est réservée, permettez donc que nous l'appelions politique plutôt que « morale des maîtres ». Mais voyez combien nous sommes d'accord avec vous et comme nous vous servons. Le meurtre est un crime quand il est commis pour un intérêt particulier ou dans un mouvement de passion naïvement spontanée. Dès que vous jugez bon d'armer votre troupeau et de le précipiter contre un autre troupeau, le meurtre devient, dans nos souples prédications, un acte héroïque et nous le célébrons parmi les *Te Deum* ou les *Marseillaise*. Si nous défendons à vos peuples de tromper et de mentir, nous savons leur faire admirer l'habileté de vos diplomates. Croyez-nous, magnifiques seigneurs, le meilleur moyen de vous faire une morale privilégiée, c'est d'en appeler les dogmes des vérités politiques, des nécessités de gouvernement, des moyens de salut public, de défense nationale et d'égoïsme sacré : noms heureux et qui aident le peuple à comprendre combien ses devoirs diffèrent de vos droits.

Machiavel souriant répondrait :

— Continuez, bons instruments de règne.

Quand on a appelé individualisme la doctrine harmonieuse d'un Socrate, d'un Epicure, d'un Epictète, ce n'est pas sans répugnance qu'on accorde le même nom à la pensée d'un Nietzsche, d'un Stendhal, d'un Calliclès, brusque comme un ressort et gloutonne comme un fauve. On est tenté d'affirmer qu'il ne saurait y avoir individualisme là où il n'y a pas respect de tous les individus. Celui qui à un seul être — l'Unique, dit Stirner — sacrifie tous les autres, on préférerait le nommer, s'il reste peu actif et peu malfaisant, égoïste. Dès qu'il est avide, conquérant, brutal et autoritaire, il devient un doministe, allié nécessaire des servilistes, maître appelé par les bêlements du troupeau et qui appelle le troupeau.

Le véritable individu, celui qui, par chacune de ses pensées, chacune de ses paroles et chacun de ses gestes, se proclame homme libre; celui qui dit à son frère : « Tu es libre, si tu veux l'être »; repousse également servilisme et dominisme. Ces deux systèmes n'ont plus de sens pour qui échappe ensemble à la lâcheté de s'incliner devant des maîtres et aux besoins lâchement serviles qui font désirer la domination. Servilisme et dominisme lui paraissent, avers et revers, la même médaille infâme; les mensonges inscrits aux deux faces d'une même monnaie sociale et banale; les corollaires d'une même convention ridicule et odieuse. A celui qui, écoutant joyeusement le grand langage humain, ne voit plus dans la nature des maîtres et des esclaves, mais des individus inégalement libres par la seule inégalité de leur vouloir, servilisme et dominisme deviennent deux langues mortes et qui crient d'incompréhensibles folies.

Indépendantes peut-être à la première apparence, les doctrines dominists tombent nécessairement dans une sociologie ou dans une politique. Si Nietzsche méprise la petite politique de son temps, c'est au nom d'une politique plus large. Il déclare étroit et mesquin le patriotisme français ou le patriotisme allemand; mais il trouve noble d'être « bon Européen ».

Même à un point de vue purement égoïste, ces doctrines ne sont point libératrices : elles me soumettent à des désirs que je ne puis réaliser qu'avec l'aide d'alliés ou de dupes; elles me troublent de craintes et de dangers que je ne puis combattre seul. Si je ne suis point né sur le trône, elles font longtemps de moi l'esclave plus rampant qui recherche la protection du maître. Bonaparte, parce qu'il aspire à devenir Napoléon, sacrifie à cet avenir tout son jeune présent; pour obtenir les moyens de créer, peut-être, un futur branlant et ruineux, il épouse la maîtresse de Barras. Ce maquerellage particulier n'est-il pas le symbole de toute l'existence du doministe parti d'en bas pendant sa période ascensionnelle? Il épouse successivement les maîtresses de plusieurs Barras, je veux dire les intérêts et les préjugés de plusieurs groupes. Ces groupes aujourd'hui s'appellent le plus souvent partis politiques. Ils s'appelaient sectes religieuses, lorsque le souple Augustin grimpait vers l'épiscopat; Augustin dont l'Eglise a fait un saint afin sans doute que les arrivistes se puissent choisir un patron.

Renonçant à toute volonté propre, à toute pensée personnelle ou plutôt mettant les ressources de sa pensée au service d'opinions étrangères, le doministe rampe vers le commandement à force d'hypocrisie obéissante. Chacune de ses actions, chacune de ses paroles est la servante d'un protecteur et d'un appétit. Son intelligence se transforme en ruse vulpine. Ce pauvre ne trouve jamais une heure pour le luxe de la pensée désintéressée.

Napoléon sera-t-il plus libre que Bonaparte? Il le sera moins encore. Qu'on relise les paroles amères que Vigny met sur ses lèvres dans l'*Entretien Secret*. Ou, si l'on préfère qu'on se rappelle les formules plus générales de Jean-Jacques Rousseau : « La domination même est servile quand elle tient à l'opinion; car tu dépends des préjugés de ceux que tu gouvernes par des préjugés. Pour les conduire comme il te plait, il faut te conduire comme il leur plait. Ils n'ont qu'à changer de manière de penser, il faudra bien par force que tu changes de manière d'agir. » Pourrait-on citer une domination sur des hommes qui ne tienne pas à l'opinion d'un homme, à l'opinion de quelques hommes ou à l'opinion d'une foule?

On sait combien se déforme l'esprit du comédien, esclave du public quelques heures chaque soir. Où la sagesse trouverait-elle place et spontanéité chez un maître, cabotin et esclave du public à toutes ses heures et dans tous ses gestes? Esclavage et cabotinage sans repos finiront — s'il n'a pas d'héritier à qui il désire laisser sa puissance serve — à son lit de mort. Alors seulement il déclarera, comme Auguste, que « la farce est achevée. »

Malgré un point de départ voisin, rien n'est donc plus contraire que l'individualisme de la volonté de puissance et l'individualisme de la volonté d'harmonie, que la folie doministe et la sagesse subjectiviste.

Dans une belle étude, que j'ai déjà signalée à propos de l'individualisme stoïcien (*Individualisme et personnalisme, La Pensée Française*, 8 juin 1925), mon ami Louis Prat m'invite fraternellement à rejeter le titre d'individualiste avili par trop de doministes et à me déclarer, comme lui, *personnaliste.*

Il me semble que le nom de *personnalisme* doit, dans l'histoire des idées, rester la propriété de Charles Renouvier et de Louis Prat. Or je m'éloigne de leur doctrine sur trop de points et trop importants. Précieuse tant que je lis l'un ou l'autre de ces deux grands philosophes, leur distinction de la personne et de l'individu me devient gênante dès que je me cherche ou que je tente de me dire. Chez Renouvier au moins, elle est fonction d'une vaste théorie métaphysique sur je ne sais quel monde créé parfait, je ne sais quelle chute, je ne sais quel espoir de rétablir le passé. Et toute l'éthique est présentée comme l'effort de remonter au Paradis perdu. La personne n'est pas une réalité présente. Elle est autrement riche, complexe, féconde — et, pour des yeux non personnalistes, autrement chimérique — que l'individu. Reconstituée au Royaume de Justice ou d'Harmonie, la personne primitive intégrera plusieurs individus successifs ou même — pourquoi pas? — simultanés. Grand et magnifique rêve, mais que je rêve seulement lorsque je lis Renouvier ou Louis Prat.

Des éthiques voisines associées à des métaphysiques différentes peuvent porter le même nom. Pourtant, quand personnalisme est le nom d'une, morale indénouablement liée — selon un mode à peu près kantien — à une métaphysique singulière et puissante, comment l'appliquer aussi à une humble sagesse qui se voudrait affranchie de toute métaphysique.

Le personnalisme étant peu connu du grand public, m'emparerais-je de ce nom comme d'une terre mal défendue? Ce vol ou cette conquête n'est pas tout à fait dans mon caractère. M'imposerais-je donc, à chaque détail, d'exposer, avant ma pensée, la thèse de Renouvier, puis celle de Louis Prat et d'étudier en quoi diffèrent les trois attitudes? Quelle méthode lente, alourdissante, onéreuse!

Il m'est plus avantageux de me déclarer individualiste. D'avoir été à la mode, d'avoir servi aux habiles et aux maladroits, le mot est devenu souple. Il n'exprime plus qu'une tendance un peu vague. Si, pour quelques esprits, il fait songer encore au nietzschéisme, on se dégage à bon marché de cette solidarité. L'opposition, peut-être, deviendrait facilement classique qui affronte l'individualisme de la volonté de puissance et l'individualisme de la volonté d'harmonie.

•

Je ne puis me libérer qu'à la condition d'accepter et d'aimer les libérations voisines. Pour que j'aie le droit de me considérer comme l'égal des autres hommes, il faut que je consente d'abord à la justice élémentaire de les considérer comme mes égaux. Sans doute, des voix intérieures me crient que je leur suis supérieur; mais chacun d'eux n'entend-il pas des voix qui proclament sa supériorité? Si je repousse les idoles du forum, serait-ce pour adorer les idoles de la caverne?....

Oh! je sais ce que je dis quand je parle de l'égalité des hommes. C'est entendu, vous avez raison, ils ne sont qu'inégalités. Mais dont je n'ai pas la mesure, et vous non plus. Quelque critère que nous admettions, il sera arbitraire et insuffisant. La complexité de chaque individu reste incomparable. Perdu au jeu des compensations, au chaos de défauts qui sont peut-être des mérites, de qualités qui restent douteuses, je n'ose déclarer quel est le plus grand, de Balzac ou de Shakespeare, de Raphaël ou du Vinci. Dès que j'exprime une opinion, je ne suis pas certain que ce soit la vôtre et je risque de commettre une injustice. Or croyez-vous l'homme moins complexe que l'artiste? Et tous les hommes sont-ils partis d'un même point? Mettez Louis XIV à la place du pauvre bûcheron qui, dans La Fontaine, appelle la mort, quel misérable Louiset je crois voir et médiocre entre les bûcherons.

Si je suis intéressé dans la comparaison, pousserai-je l'infatuation jusqu'à vous juger et me juger? Céderai-je au besoin si humain de ne pas comprendre et de ricaner devant des différences peut-être précieuses? au besoin égal de glorifier comme une supériorité chacune de mes singularités les plus indifférentes?

Oublions ces difficultés et qu'elles sont insurmontables. Accordons-nous le droit de classer les hommes comme le professeur classe les écoliers. En quoi les inégalités naturelles justifient-elles les inégalités sociales? En fait, quel rapport ont-elles les unes avec les autres? Quand les ai-je vues correspondre comme l'exigerait une brutale justice? Quand les ai-je vues se compenser comme l'exigeraient peut-être la bonté et l'amour?

Les vrais grands ne se trouvent jamais chez les maîtres. Le préjugé de l'égalité est un préjugé de paix et d'aimable justice. Le préjugé de l'inégalité sociale s'appuyant sur l'inégalité naturelle est source de guerre et d'iniquité. Je n'admets pas que la force du corps donne le droit de frapper et d'asservir le faible. Pourquoi admettrais-je que les autres forces créent de tels privilèges?

Je n'ai pas la naïveté de demander qu'on adore Jésus pendant qu'il vit. Je me contenterais de le voir considérer comme l'égal de Pilate. En supprimant l'esclavage, les verges et les croix, je me contenterais de lui éviter d'être frappé et crucifié comme un esclave. Je n'ai pas la naïveté de demander des honneurs officiels et une liste civile pour Spinoza. Mais, si la société voulait bien le considérer comme l'égal de son apothicaire, ne pas permettre que, malgré son travail manuel, celui qui nous laisse le magnifique héritage de l'*Ethique* laisse aussi des dettes derrière lui et que, saisissant le cadavre, l'apothicaire impayé s'oppose à l'ensevelissement, la Société aurait une honte de moins à son écrasant passif. Une organisation qui tiendrait compte de quelques vérités élémentaires, qui aurait remarqué que les meilleurs sont indifférents à la lutte matérielle, que les pires sont les mieux doués pour le vol légal ou pour le rampement vers le pouvoir, et qui établirait entre les hommes une égalité réelle empêcherait enfin le supérieur naturel d'être, comme toujours, la proie de l'inférieur. Quelqu'un pourrait-il me citer encore — si récents cependant! — les noms du ministre, du chef de bureau, du sous-chef et du commis qui se permettaient de donner des ordres à l'expéditionnaire Léon Dierx, prince des poètes, et poussaient l'odieux jusqu'à lui être sévères ou le ridicule jusqu'à lui être indulgents? La société ne devrait sacrifier personne. D'abord parce que personne ne doit être sacrifié. Ensuite parce que, mécaniquement, elle sacrifie toujours les meilleurs. Mais je m'attarde à des puérilités sans intérêt. Autant demander au loup de brouter l'herbe. Laissons ces bavardages enfantins, vite irritants. Revenons à la joie des méditations sérieuses.

•

Deux éthiques prononcent les mêmes paroles libératrices. Deux doctrines me disent :

— Qu'ils cessent de s'avilir à leurs violences ou à leurs mensonges, et les fous qui osent se proclamer tes maîtres deviendront noblement tes égaux... Pourvu qu'ils ouvrent les yeux sur eux et sur toi, pourvu qu'ils regardent tout homme sans haine et sans crainte, ils sont tes égaux, ceux que ton orgueil cruel ou la cité menteuse déclarent tes inférieurs. Tu es un individu parmi des individus, un égal parmi des égaux, un frère parmi des frères.

Ainsi parlent le subjectivisme d'Epictète et le fraternisme de Jésus. Me voici hésitant devant cette fermeté douce et cette douceur ferme.

Peut-être, ô joie! ne suis-je pas obligé de choisir. Pourquoi ne pas accueillir ces deux noblesses dans mon cœur comblé? Leurs voix, me semble-t-il, se mêlent, duo harmonieux; les eaux droites du fleuve et celles qui coulent à gauche chantent la même pente heureuse, le même rythme généreux. Jésus me veut aussi indépendant qu'Epictète : il m'apprend à mépriser les biens extérieurs et les adorateurs de ces idoles, Césars ou Riches avec leur valetaille de prêtres et de magistrats, de capitaines et de soldats, de loyalistes et de doministes. Il m'affranchit aussi des rites, des ridicules sévérités pharisiennes, des servitudes hebdomadaires, sabbat, dimanche ou vendredi, et de l'inquiétude sur la pureté des viandes. Il m'enseigne à ne plus obéir aux hommes, mais à un Dieu paternel que je découvre en moi, qui n'emprunte jamais pour me parler des bouches officielles et qui, pratiquement, se confond avec ma conscience. — Epictète proclame aussi haut que Jésus quelle profonde fraternité unit entre eux tous les hommes.

L'un dit plus souvent et plus volontiers : « Aime ». L'autre recommande plutôt : « Connais-toi toi-même » et : « Sois un homme libre » et : « Réalise ton harmonie ». Mais les sentiments des grands fraternistes et ceux des grands subjectivistes sont semblables; semblables, leurs gestes; aussi forte, leur patience héroïque; aussi profonde, leur miséricorde pour les bourreaux qui ne savent ce qu'ils font. Puisque, ici comme là, cœur et cerveau sont satisfaits, qu'importe que les pensées directrices paraissent ici descendre du cerveau au cœur, là monter du cœur au cerveau?

Accord admirable et si naturel! L'amour se conçoit-il autrement que comme un mouvement libre? Dégagée de tout bas appétit, de toute servitude violente et de tout mensonge, comment ma liberté se manifesterait-elle, sinon par une chute joyeuse de tout mon être le long de ma pente d'amour?

Pourquoi écarterais-je l'une ou l'autre des deux grandes paroles? Me donner, n'est-ce pas un admirable moyen de me créer? Me connaître et me réaliser de plus en plus permet de donner mieux, de donner davantage, de donner un être plus pur et plus ardent : les richesses intérieures sont des généreuses qui ont joie à se répandre. Loin de s'exclure, la doctrine grecque et la doctrine orientale paraissent, à ce point de ma méditation, s'appeler et se compléter. Fraternisme et subjectivisme se supposent et se soutiennent mutuellement, comme servilisme et dominisme. Servilisme et dominisme : les deux faces d'un même mensonge. Fraternisme et subjectivisme : les deux aspects de la même vérité.

Oui, la sagesse réalisée doit unir, harmonie souveraine, le cantique de liberté et l'hymne d'amour. Il y a peut-être cependant, pour choisir entre les deux doctrines, une raison de méthode. Dans le chef-d'œuvre, qu'il s'appelle Epictète ou Jésus, je trouve les mêmes éléments d'indépendance et de bonté. Mais, si je ne suis pas le grand artiste né, si je dois apprendre à me sculpter moi-même, par où faut-il que je commence?

Considérée comme méthode, la sagesse de Jésus ne me paraît pas exempte de quelques défauts. « Aime ton prochain comme toi-même et ton Dieu par dessus toute chose. « Selon ce que sera mon Dieu, je risque de retomber au servilisme et à ses doucereuses cruautés. Je connais des saints catholiques qui tourmentent et tuent leurs prochain par folie d'amour, pour faire le salut de leur prochain.

J'écarte cette difficulté. Je me promets de ne jamais croire que la parole de Dieu sorte de bouches étrangères, de ne jamais l'écouter que dans ma conscience.

Puisque je dois aimer mon prochain *comme* moi-même, je me demande, non sans inquiétude, comment je m'aime. Tout est-il aimable en moi aux yeux de la sagesse? Ne s'élève-t-il pas en moi de puantes pensées que je chasse, des désirs insensés que je comprime? Ne s'y chuchote-t-il pas mille suggestions auxquelles j'impose silence? Et tout cela peut-être n'est point moi. Mais il faut donc que, pour aimer mon prochain selon la règle de Jésus, je sache d'abord m'aimer moi-même et me connaître. Le précepte d'amour a besoin d'être précédé d'un ou de plusieurs autres. Jésus commence par la fin et il veut moissonner ce qu'il a négligé de semer.

« Aime »... Peut-on s'ordonner d'aimer? Ai-je sur mes sentiments un pouvoir direct? Décidément Jésus me paraît, peut-être par trop de sagesse spontanée, un mauvais maître de sagesse. Artiste trop doué qui n'a pas eu d'effort à faire, qui n'a pas eu besoin d'apprendre, il m'écarte en souriant de tout apprentissage et il veut me jeter pour mon début en plein ouvrage sublime. Celui qui se commande efficacement d'aimer aime déjà,

Jésus dit à tous : « Faites comme moi. » Parole inutile à qui lui ressemblerait, dangereuse pour les autres et pour leurs voisins. Il semait l'amour dont il débordait. Plusieurs, prétendant faire comme lui, sèment ce dont ils débordent; et le froment chrétien étouffe sous l'ivraie serviliste. Il fut doux et humble de cœur et, sur les siècles où il semble avoir semé, il n'a poussé que haines, orgueils, avidités, inquisitions et guerres.

Certes, je ne condamne ni une conception éthique ni un chef-d'œuvre artistique parce que des imitateurs naïfs ou des commerçants de mauvaise foi ont multiplié, autour de l'ouvrage original, les odieuses caricatures. Platon n'est pas la condamnation de Socrate. Les porcs du troupeau romain ne sont pas la condamnation d'Epicure. Les juriconsultes qui, tout en se proclamant stoïciens, font la théorie du pouvoir absolu ne sont pas la condamnation de Zénon et de Cléanthe. Toutefois, l'effort avorté de Jésus contribue à me prouver que l'amour ne se commande pas directement.

Plus j'y songe, plus je trouve dangereuse la trop grande hâte à se donner. Que puis-je donner d'abord, qu'un pauvre être aveugle, dont les tâtonnements maladroits risquent de faire le mal en voulant le bien? Je ne sais encore de moi que ce besoin et cette impatience de me donner. Par bonheur, je crains de ne rien donner de précieux et je sens vaguement que céder à cette pente hâtive n'est ni toute la sagesse ni le commencement de la sagesse. Je suis d'ailleurs contraint d'hésiter et invité à me méfier par des appels trop nombreux venus de directions trop différentes. De tous les côtés, mille voix impérieuses ou séductrices réclament que je me donne ici plutôt que là, là plutôt qu'ici. Des maîtres affirment : « C'est à moi que tu dois te donner. » D'autres m'avertissent : « Crains le séidisme. Guéris-toi des individus. C'est seulement à une Idée, à une Cause que l'on se donne vertueusement. » Les Idées sont multiples et les Causes sont contradictoires. Patries, religions, doctrines politiques ou philosophiques se vantent et médisent des concurrences. « Sois à moi, je suis la vérité. Mes voisines sont les erreurs. Ne vois-tu pas combien je suis belle et combien elles sont laides? » Où est mon critérium? Comment me reconnaître parmi ces cris, ces exigences, ces injures, ces promesses, ces menaces? « Je suis le grand amour. Autre part, il n'y a que des masques d'amour sur des visages de haine. » Et chacune fanfaronne en sa langue : « Hors de moi, point de salut! » Et chacune maudit ou raille les autres parce qu'elles disent en une autre langue : « Hors de moi, point de salut. »

Vais-je m'attarder au carrefour des voix, écouter, juge naïf, mille plaidoiries et mille réquisitoires? Ne m'enfuirai-je pas plutôt en disant à la foule banale : « Ce n'est point parmi vous, troupeau de courtisanes, que je trouverais le véritable amour. Ah! comme vous en imitez mal le langage. Chacune me prévient non seulement contre les concurrentes, mais contre leurs clients. Vous voulez me faire haïr plusieurs de mes frères ou me faire entreprendre contre leur liberté. En osant condamner des hommes, vous vous jugez vous-mêmes. Continuez votre lutte éternelle. Faites tournoyer, mêlée d'injures et de sang, les malheureux soldats qui vous écoutent. Je fuis loin du tourbillon où quelques mots sans accent disent l'amour, où tous les gestes crient la haine. Je ne me donnerai pas au hasard. Je ne deviendrai pas un instrument entre d'autres mains et une arme. Quelques-unes d'entre vous font des promesses de libération; l'instant arrive où à vos fidèles vous imposez obéissance passive et discipline aveugle. Or je veux toujours regarder directement avec mes yeux, sans lunettes colorées de préjugés. Et je veux que mon action, toujours vivante et responsable, exprime toujours mon être intérieur. Je vous écoute avec mépris, meurtrières qui me voulez « docile comme un cadavre ».

Un fraternisme hâtif et étourdi risquerait de me livrer à des forces mauvaises; il risquerait de me faire aimer dans le prochain et dans moi-même ce qui n'est pas aimable. D'autre part, si je ne suis pas un être en qui domine l'instinct d'amour, son commandement reste inutile.

La méthode subjectiviste me parait échapper à ces dangers, et elle me parait plus efficace.

Le pouvoir direct que je n'ai à aucun degré sur mes sentiments, je l'ai en quelque mesure sur ma pensée. Je puis diriger mon attention, l'appeler et l'arrêter sur tel objet plutôt que sur tel autre. Je ne saurais tenter directement d'aimer; je puis, me semble-t-il, essayer de me connaitre.

•

Le servilisme se prêche volontiers au nom de l'amour; le dominisme, au nom de la liberté. Pour échapper aux deux mensonges; pour être certain de n'être point trompé par des masques : j'écarte toute doctrine qui attente dans la pratique à la fraternité égale de tous les hommes ou à l'indépendance d'un seul.

Après l'effort initial pour libérer un individu, les individualismes de l'appétit et de la volonté de puissance deviennent des gloutonneries, font de leur adepte un doministe de plus en plus envahisseur, un esclavagiste, un ennemi sournois ou hautain des autres hommes.

D'autres individualismes de la sensibilité, les sereines doctrines d'Aristippe et d'Epicure, sans m'émouvoir d'amour pour tous mes frères, m'empêchent du moins de faire du mal à personne et me rendent l'ami de quelques-uns.

Calliclès et Nietzsche sont les misérables esclaves de leur soif de tyrannie. Le cyrénaïque, malgré son goût du plaisir, ne s'asservit point au plaisir. Il défend sa liberté intérieure et reste maître de soi : « Je possède Laïs, je n'en suis point possédé. »

Epicure est bien supérieur. A ce *plaisir en mouvement* qui nous heurte encore contre tant d'obstacles, il préfère la paix épanouie du *plaisir en repos*, cette absence de douleur et d'inquiétude qui permet de jouir de mon être et de son harmonieuse activité interne. Le puissant effort de la raison épicurienne m'affranchit des erreurs et des excès du désir. Il sait même me libérer d'un présent qui, isolé, semblerait souffrance, me plonger dans le vaste bassin qu'est l'ensemble de ma vie, écouter dans la note que pleure l'instant toute la musique passée, toute la musique future, me faire jouir de moi tout entier comme d'une harmonie.

Il reste peut-être dans cette doctrine quelque odeur d'égoïsme et je crois qu'elle ne me satisferait point comme discipline exclusive et définitive. Du moins Epicure n'a rien d'agressif. Le spectacle des tempêtes que soulèvent les folies voisines fait valoir à ses yeux, par le contraste, son calme et sa sécurité; mais il ne crée pas son bonheur en créant des douleurs étrangères, il ne dresse pas sa grandeur en courbant la servitude d'autrui. Plusieurs stoïciens le considèrent comme un sage ou, suivant le mot de Sénèque, comme un héros vêtu en femme, *Vir stola indutus.*

Même l'impression d'égoïsme que donne parfois l'éthique épicurienne ne serait-elle pas trompeuse? Epicure semble ignorer la vaste « charité du genre humain », gloire du stoïcisme. Enfermé au jardin des sobres délices, il n'y laisse pénétrer aucune sympathie apparente pour les fous et pour ces tourments dont ils sont à la fois les coupables et les victimes. Ne serait-ce pas qu'il s'est aperçu qu'il ne peut rien pour eux? Mais son appel, adressé à tous, n'est-il pas un geste d'amour universel? Et avec quelle affection il accueille ceux qui frappent à la porte.

Les épicuriens furent les plus fidèles des amis. Un sculpteur antique eût cru commettre une cruauté en représentant Epicure seul; le buste géminé devait unir deux bien-aimés que la mort n'avait pas détachés; il fallait que le visage de Métrodore sourît auprès du sourire de son maître. Durant sept siècles, les communautés des épicuriens grecs furent doux asiles et vastes amitiés. Le grand épicurien français, Montaigne, nous choque par sa lâcheté ou son indifférence devant la ville qu'envahit la peste, mais combien nous charme son amitié pour La Boétie.

Plus tard, quand les matériaux amassés et éprouvés me permettront de construire mon subjectivisme, peut-être utiliserai-je Epicure. Considéré comme un degré vers la perfection stoïcienne et comme la douceur des heures de repos, l'épicurisme orthodoxe me paraîtra, je crois, utile et sans danger. Que le jardin fleurisse qui monte vers l'imprenable citadelle.

10

Mais c'est toujours la sagesse stoïcienne que je salue, sinon avec plus d'émotion, du moins avec plus de confiance. Dès la première rencontre, j'ai soupçonné en elle la forme historiquement la plus parfaite du subjectivisme. Sans doute tel ou tel détail des théories ne me satisfait point. Mais je contemple chez Epictète le plus efficace des exemples et, pour reprendre une expression qui fut à la mode, le plus sûr professeur d'énergie.

CHAPITRE V

Suite de l'Histoire de la Sagesse

L'antiquité est-elle le seul terrain qui ait produit la sagesse?

Au moyen âge, la religion envahit toute la vie intérieure. L'individualisme, quand il se manifeste dans cette longue et monotone période, reste superficiel, ne s'exprime que réactivement, par la révolte et l'hérésie.

Un individualisme plus complet se réveille avec la Renaissance. Mais ses premiers sursauts sont des gestes à la Calliclès. Affranchi des préjugés religieux, Machaviel repousse l'éthique comme un enfantillage qui fait partie de la religion. Il emploie sa liberté théologique à se former des chaînes de patriotisme et d'ambition.

Descartes, par le courageux affranchissement de sa raison, appartient à l'individualisme. Mais son individualisme public reste étroitement intellectuel, recule comme une timidité devant toute question de conduite. Etudiée dans les *Lettres à la princesse Elisabeth*, son éthique est voisine du stoïcisme. Malheureusement, sa prudence ne lui permit de faire connaître à ses autres contemporains que cette fameuse « morale provisoire » où il se promet d'obéir aux lois de son temps et de son pays. Il semble que l'homme du « doute provisoire » aurait dû être l'homme de l'abstention provisoire, non de l'action conformiste. Ce grand individualiste intellectuel reste, en pratique, si j'ose dire, un individualiste théorique et confidentiel; mais il affirme publiquement un anti-individualisme « provisoire » qu'il a soin de ne jamais remplacer par l'expression définitive de sa pensée secrète. Je ne saurais aimer, sur le plan éthique, cet individualiste honteux.

Hélas! dans tous les temps modernes, il est difficile de trouver un subjectivisme complet et harmonieux. Il semble que le philosophe ne vive plus que par la tête et mérite l'apostrophe de Gassendi à Descartes : *O mens!* (O esprit!). Spinoza, si libre en face de la tradition et de la bible, reste serf en politique. Il ne méprise pas le despotisme; son étrange absolutisme reconnaît le droit du tyran sur tout mon être, sauf sur ma pensée. Mais, si ma pensée ne peut se traduire dans mes gestes, quelle valeur pratique peut bien conserver ma pensée ?

Les philosophes du XVIIIe siècle semblent devoir retrouver l'individualisme par leur distinction fameuse de l'état de nature et de l'état de société. Ils s'égarent en chemin et aboutissent à une morale sociale. Ils croient pouvoir réformer la société civile sur le plan de la nature. Soit qu'ils fassent de la société civile un contrat, soit qu'ils fondent les gouvernements sur l'honneur ou sur la vertu, ils s'appliquent à rapprocher les lois positives des lois naturelles. Ils tombent, comme Platon, dans la folie législatrice, espèrent faire de la politique une éthique et préparent le barbare effort platonicien de la Révolution.

La source principale de leurs erreurs et de leurs meurtrières espérances ne serait-elle pas dans la façon dont ils transforment une analyse qui est exacte en une chronologie qui est absurde ? Ils confondent la logique avec l'histoire et le droit leur paraît un fait primitif. Ils imaginent que le simple précède le complexe dans la réalité comme dans leurs ingénieuses constructions et que la nature a précédé la société. Naïfs comme un Condillac qui, prenant ses procédés d'exposition pour la méthode de l'évolution, affirmerait que l'homme fut d'abord, en effet, une statue insensible, ne fut ensuite « qu'odeur de rose », et que le dehors lui donna ses sens l'un après l'autre. Les deux termes, société et nature humaine, ne sont séparables qu'idéologiquement. Ils paraissent aussi anciens l'un que l'autre et aussi durables l'un que l'autre. Leur lutte n'a pas eu plus de commencement qu'elle n'aura de fin. Seulement un Epicure et un Epictète ont su prendre parti dans le combat éternel.

Mes recherches seront-elles plus heureuses dans des temps plus proches? Y découvrirai-je un véritable subjectivisme? Quels philosophes récents représenteraient dignement, par l'indépendance de la pensée et l'harmonie de la conduite, cette sagesse qui a produit dans l'antiquité de si grands artistes moraux, et si purs?

Les doministes ne manquent pas, stendhaliens ou nietzschéens. Le rêve du surhomme était nécessaire au malade Nietzsche. Ainsi à cette lamentable malade Lidwine qui émouvait l'admiration de l'imbécile Huysmans étaient nécessaires les rêves d'union matérielle avec Dieu. A moins d'une sagesse supérieure qui eût dressé, comme l'énergie du chêne Epictète ou la grâce du rosier Epicure, tout l'être dans la noblesse de la lumière, la vie réelle de Nietzsche valait si peu d'être vécue. Au lieu d'idéaliser cette existence par la beauté d'une âme chaque jour plus rayonnante, il fuyait ses pauvres réalités dans une vie complémentaire et de songe. L'infirme, immobilisé aux profondeurs d'un fauteuil, dépendant de son entourage, rendu âpre par la souffrance et irritable par la faiblesse, cherchait dans la spéculation ce qui lui manquait le plus douloureusement : la puissance. Ignorant que la vraie puissance, cette généreuse, n'a jamais besoin de matière humaine sur quoi se transformer en tyrannie, il mariait son rêve et sa dolente méchanceté. Beaucoup de malades refont le songe maladif ; beaucoup d'esclaves s'éblouissent à son éblouissement esclave : neurasthéniques mégalomanes qui, trop agités et trop faibles pour l'effort continu de se réaliser hommes, se grisent à l'idée puérile d'être des surhommes. Le succès de Nietzsche : une épidémie qui frappa un grand nombre de volontés fiévreuses et anémiques. Mais l'individualisme de la volonté d'harmonie où le rencontrer aujourd'hui ?

J'ignore si Herbert Spencer conserve encore des disciples. Son individualisme est autrement libéral et équilibré que celui de Nietzsche. Pourtant ce guide non plus n'est pas sûr. Le mirage que le XVIIIe siècle apercevait dans le passé, les yeux de Spencer le transportent dans le futur. Il voit devant nous ce que certains « philosophes » voyaient derrière nous : la société naturelle et parfaite qui ignore les codes et les juges, les inférieurs et les supérieurs. Sans doute, à de certaines heures, nous rêvons tous comme possible la noble harmonie libre. Mais Spencer affirme que le seul jeu de l'évolution naturelle et des lois cosmiques l'établira nécessairement. Le fait social étant donné, il croit inévitable que de l'égoïsme sorte l'altruisme, et l'hérédité rendra plus forts à chaque génération les sentiments altruistes.

Il est impossible de partager ces vastes espoirs passifs. La société naturelle est peut-être, en effet, conseillère de paix et d'amour. Mais la société civile — je le vois clairement et, plus tard, je chercherai pourquoi — crée un état de guerre de tous contre tous. Et je ne suis pas toujours certain qu'elle soit destinée à finir. Comment finirait-elle?

Par la force?

Que la force triomphe d'une violence particulière et repousse une contrainte déterminée, voilà qui est concevable. Mais coment la violence détruirait-elle le principe même de la violence?

La résistance passive demande un courage héroïque, sans gloire aux yeux stupides des populaces d'en bas. La bonne et méprisée méthode se généralisera-t-elle jamais jusqu'à devenir socialement efficace?...

Certes, toute espérance est possible si on la reporte dans un avenir lointain et indéterminé. Mais, puisqu'elle ne cessera pas de notre temps, il est prudent de faire comme si la lutte de la raison et du cœur, puissances individuelles et éthiques, contre l'Etat, force collective et brutale, ne devait jamais cesser. Quand le conflit devient aigu et que l'individualiste est brave, chaque adversaire triomphe sur un plan différent; aucun n'entame l'autre. Léviathan tue l'homme, non point sa pensée. La victoire passive de l'individu est une réalité supérieure mais qui ne saurait tuer la bête. Si on a la naïveté de chercher cette victoire dans l'objectif, en dehors de l'esprit hautain et du cœur satisfait, elle s'évanouit comme, sous les mains qui le veulent étreindre, un fantôme. Elle est d'un autre monde, du monde intérieur. Nul progrès n'est produit par la magnificence de cette mort épanouie. Regardée sans crainte et sans complaisance, l'histoire m'a enseigné que le réfractaire, s'il n'est pas oublié ou transformé en monstre, est socialisé après sa mort. Les paroles libres d'un Socrate ne sont point libératrices pour le peuple. Xénophon et Platon les traduisent en mensonges sociaux et en font de magnifiques contreforts à ces « lois écrites » qu'elles semblaient devoir ébranler. Jésus, ennemi de la Loi, devient pour les disciples, le destructeur de l'Ancienne Loi et le fondateur de la Loi Nouvelle. Son mépris pour toute organisation religieuse et sociale, ses malédictions contre les Temples et les Palais ne le sauveront pas de servir de prétexte à la plus organisée des religions, n'empêcheront pas son nom d'être invoqué, de longs siècles, par toutes les tyrannies. J'ai vu l'héritage des cyniques insociables et des stoïciens insociaux envahi par les jurisconsultes, partisans du pouvoir absolu et qui, considérant théoriquement la servitude comme un fait contre nature, règlent par des lois positives les relations des esclaves et des maîtres. L'Etat s'empare de tout, se fait des instruments avec cela même qui lui fut le plus hostile. Il mord, dit Nietzsche, avec des dents volées.

A l'époque où, contre des alliés futurs, on nous « bourrait le crâne », nos journaux racontèrent que certains Anglais mordaient dans leurs rosbifs avec des dents arrachées à des cadavres de Boërs. Je ne retiens ni le fait : il est invraisemblable; ni le symbole : insuffisant. Puisqu'on n'a jamais prétendu que les dents des Boërs servaient à manger les Boërs. Je ne cherche pas dans les « races inférieures » : messieurs les cannibales ignorent probablement les progrès de la prothèse.

La politique s'est emparée, pour les avilir, des sagesses les plus nobles; elle les a toutes transformées en morales et en instruments de règne. Il est à craindre que les individus capables d'apercevoir et de dénoncer le mensonge restent toujours en petit nombre. Ne proclameront-ils pas toujours la vérité subjective dans « un désert d'hommes », dans le désert sourd d'une foule d'animaux politiques?

Les stoïciens n'avaient pas tort, qui considéraient l'espérance objective comme une faute et un consentement à la servitude. Alfred de Vigny est dans la grande vérité individualiste quand il appelle l'espérance la pire de toutes nos lâchetés. Jésus promet que, si nous cherchons le « Royaume de Dieu et sa justice, le reste nous sera donné par surcroît ». Au point de vue subjectif, il a raison, comme les stoïciens quand ils saluent dans leur sage « le seul riche ».

Il ne peut rien manquer au sage qui déclare indifférent tout ce qui ne dépend pas de lui, qui étanche joyeusement à sa sagesse la soif de sa raison, qui en un voluptueux orgueil rassasie à sa justice et à son indulgence la faim de son cœur. Projeté tout entier à ses deux sommets, il ne daigne plus apercevoir ce que les basses circonstances refusent peut-être à son corps.

Dans l'objectif, le reste ne sera donné par surcroît que lorsque la majorité des hommes montera jusqu'à la sagesse. Sagesse universelle égalera bonheur universel, et ce bonheur contiendra, dans sa mutualité et sa plénitude, jusqu'au surcroît des biens matériels. Rêver cette Arcadie dans un sourire d'extase et de scepticisme est une joie délicate de poète. L'affirmer pour demain ou après-demain ne va pas sans quelque folie mystique. La foule se convertira-t-elle jamais au stoïcisme, à l'épicurisme d'Epicure ou au christianisme de Jésus et de Tolstoï? Elle a pu répéter les formules de l'une ou de l'autre de ces doctrines; mais ce fut pour les avilir et les vider de tout contenu. Le sage ne se promet pour demain ni les extériorités un peu lourdes d'un paradis terrestre, ni les extériorités un peu légères d'un paradis d'outre-tombe. S'il lui reste, comme à Tolstoï, des sentiments religieux, c'est en lui-même, en lui seul, qu'il fait éclore « le Royaume de Dieu ». Sa vertu ne repose pas sur le calcul imbécile et vite branlant qui croit la vertu la meilleure des politiques. Elle est le victorieux amour de sa propre beauté et de sa propre force. Il s'éloigne, dédaigneux, de toute politique. Parce que toute politique est laide par ses gestes, par le lieu où se font ses gestes, par le but vers quoi tendent ses gestes. Odieuse par ses moyens, elle se précipite âprement, agressivement, vers la fange impérialiste des désirs bas et grossiers.

L'erreur d'Herbert Spencer a plus d'inconvénients pratiques qu'on ne croirait d'abord. Ses espérances naïves entraînent souvent le philosophe anglais à des opinions politiques; il lui arrive de préférer telle loi à telle loi et de prendre position dans la lutte concrète entre les partis.

Regardons plus profond. La vraie sagesse individualiste peut-elle survivre en moi si je me tourne vers l'avenir extérieur et l'espoir objectif? Mon devoir ne devient-il pas alors de travailler au Progrès, non plus à mon progrès; d'oublier l'effort de me sculpter pour dédier mes coups de ciseau à la statue Humanité? Il est vrai que le Progrès, d'après Spencer, est inévitable. Mais ou bien l'individu n'a rien à faire et toute considération éthique devient futilité; ou bien, la direction du Progrès étant déterminée, l'individu doit, ne fût-ce que pour son propre bonheur, se jeter dans ce courant irrésistible et marcher volontairement dans cette fatalité. La morale spencérienne semble condamnée à disparaître ou, perdant toute indépendance, à se fondre dans une sociologie et dans une politique.

Mais voici qu'il me plaît, rejetant, dès qu'elles me sont devenues inutiles, les sévérités de la méthode, d'étudier en elle-même, et non plus seulement en fonction de ma conduite, la question du Progrès.

Lorsque j'écrivais les premiers manuscrits de ce livre, je niais qu'il y eût rien à attendre d'aucune époque humaine. Je viens, dans la réfutation du rêve spencérien, d'adoucir bien des expressions, de détourner vers le seul progrès *passif* ce qui était dit d'abord contre tout progrès possible. N'est-ce pas pour des raisons pragmatiques, par crainte de laisser diminuer, troubler ou détourner ma puissance de travail, que je m'installais par delà l'espoir? Tout en protégeant dans mon positivisme éthique une méthode de vie, je crois pouvoir enfin sans inconvénient cesser de confondre des limitations pratiquement utiles avec des négations objectives. Vingt-cinq années de vie laborieuse m'ont démontré que nul espoir ne m'est nécessaire. Il me semble donc que, maintenant, aucun espoir non plus ne me nuira. Je puis étudier de sang-froid, de Sirius, comme dit l'autre, une question qui est devenue sans danger et sans intérêt pratique.

Pesées en toute honnêteté et d'une main qui ne tremble plus, les raisons d'espérer me semblent l'emporter légèrement sur les raisons adverses.

Dans les siècles éclairés vaille que vaille à la torche fumeuse de l'histoire, je ne découvre nul progrès éthique ou social. Les formes politiques qui nous écrasent sont déjà discutées dans Hérodote, condamnées dans Platon. Les sages furent toujours des êtres exceptionnels. Tranchons le mot : le sage est un anachronisme dans tous les temps connus. Il n'est aujourd'hui ni plus commun qu'en un autre siècle, ni plus parfait, ni mieux écouté par la folie des grands et par la sottise des petits. Sauf aux heures de révolution ou de guerre, la persécution le frappe moins brutalement et ouvertement : elle en est peut-être plus subtile, plus efficace, plus éteigneuse des pensées libératrices.

En quel contemporain trouverions-nous une beauté éthique supérieure à celles de Çakya-Mouni, de Socrate, d'Epicure, de Cléanthe, d'Epictète, de Dion Bouche-d'Or? Et quel naïf croira la sagesse plus répandue chez nous qu'aux autres siècles?...

Tiens! Voici quelqu'un qui vante les lecteurs de Tolstoï plus nombreux que tout ce que Socrate, Jésus et Epictète réunis ont groupé d'auditeurs. Et il s'émerveille parce que Rabindranath Tagore ou Romain Rolland ont un vaste public.

Mais tous ces gens-là écoutent un poète ou un conteur, non un sage. Certaines curiosités sont même excitées à des raisons plus superficielles, vont à la notoriété, non à l'émouvante originalité. Combien lisent Rolland ou Tagore avec la même nonchalance amusée qu'un autre prix Nobel ou que le dernier prix Goncourt!

Le lecteur d'aujourd'hui reste passif et inerte. Ou bien, activité guetteuse et hostile, il se ramasse alternativement et se détend pour l'exercice de contredire telle « noble candeur » et pour la vanité de s'imaginer qu'il la réfute et la domine. Des lecteurs attentifs à eux-mêmes et qui feront du livre l'outil de leur propre perfectionnement, il y en a, mais aussi rares peut-être que les sages qui méditent sans prétexte.

Or le progrès social ne peut qu'intégrer des progrès individuels.

A comparer les conditions des progrès matériels et du progrès éthique, les différences m'ont paru longtemps interdire tout espoir raisonnable.

L'industrie s'alimente à une science que l'ouvrier n'a besoin ni de découvrir ni de comprendre aux profondeurs. L'industrie est, au vrai, une routine qui s'alimente à une science. Et ses amendements de détail sont le plus souvent des tâtonnements heureux. Si le travail de chaque électricien exigeait le génie d'Ampère ou de M. Branly, l'électricien deviendrait un être rare. Toute conquête dans son domaine se manifesterait triomphe précaire et d'un homme, non acquisition pour toujours et richesse de l'humanité. On referait indéfiniment les mêmes inventions sans que le génie d'aujourd'hui avançât plus loin que celui d'hier ou d'avant-hier. Ce qui permet le progrès industriel c'est, me semble-t-il, que le cerveau qui a trouvé et les mains qui exécutent peuvent appartenir à des êtres différents. Ce qui permet le progrès scientifique, c'est qu'il est autrement facile et rapide d'apprendre que de découvrir : le moindre professeur de physique connaît mille vérités qui, exposées à Archimède, le feraient soupirer : Je n'avais pas trouvé!

Mais chaque artiste de sagesse est son propre initiateur. On n'imagine pas quelle division du travail, quelle addition de connaissances étrangères ferait jaillir la vie de Socrate d'une autre source que la conscience de Socrate.

Pourtant je n'enferme plus éthique et sociologie dans une stagnation éternelle. Je ne les condamne pas au piétinement sur place ni à quelque rythme vain que symboliserait le balancement de la marée, ou l'alternative du jour, flux de lumière, et de la nuit, reflux et abandon aux ténèbres. En vain on me répète que la nature de l'homme est éternelle et invariable. Je réponds : Oui, comme la nature des choses.

Comme la nature des choses, la nature humaine se manifeste complexe et contradictoire. Ici comme là, j'étudie un chaos pour créer un cosmos. Je fortifie et seconde quelques éléments; j'en affaiblis, en contiens, en écarte d'autres. J'opère des rapprochements et des séparations. Je modifie, un peu chaque jour, telles directions primitives. Victoire! je parviens à faire dominer nettement tel *oui* sur la négation qui l'accompagnait. A ma nature et à la nature des choses, je commande aux mêmes conditions : par la connaissance et la souple obéissance.

Mais la nécessité, pour obtenir un progrès social, que des êtres nombreux deviennent des savants d'eux-mêmes et rayonnent un invincible héroïsme n'interdit-elle pas tout espoir. Voici peut-être, entre le progrès que je rêve et les progrès que je constate, une effroyable, une invincible différence.

Oui, je touche le gros nœud du problème.

Regardons-le d'aussi près que possible.

Tout progrès matériel a exigé, à ses débuts, l'union, dans un seul être, du savant et du travailleur. Les merveilleux ancêtres préhistoriques qui ont domestiqué les animaux, qui ont créé le blé, le vin, la rose, le navire, l'écriture, il a bien fallu qu'ils fussent ensemble les frémissants chercheurs, les tâtonnants réalisateurs. Aujourd'hui toute invention mécanique un peu extraordinaire n'exige-t-elle pas du savant qu'il construise ses premiers modèles, fabrique en bois ou en métal sa logique qui cherche et ses trouveuses hésitations? Sa pensée fuyante ne se fixerait jamais dans assez de clarté si elle ne s'appuyait à des concrets immédiats et successifs; elle s'exprime par les mains avant que la parole la puisse bégayer pour diriger d'autres mains.

Les progrès éthiques n'offrent donc pas ici une exigence originale et qui les rendrait plus impossibles que les autres.

Car tous les progrès paraissent impossibles à un certain moment, au moment où on s'est aperçu de l'individualité du problème et que les méthodes qui ont réussi dans des domaines voisins en apparence sont vaines dans le domaine nouveau.

La constatation de l'impossibilité d'une solution précède souvent de peu la solution. Elle est le signe que, les fausses méthodes étant épuisées, le génie humain va enfin découvrir la méthode nouvelle et efficace, presque toujours paradoxale.

Car nul progrès n'est chose passive ou fatale. Nulle part, il ne se produit; partout, nous le produisons. Résultat de notre volonté tenace, il fut presque toujours précédé de tâtonnements maladroits et vains, de tâtonnements parfois funestes.

Chaque grand problème a son individualité. Longtemps on la méconnaît et on ramène le problème original à un problème déjà résolu. On l'attaque par des méthodes qui prouvèrent ailleurs leur efficacité pour ailleurs. Ces assauts repoussés font désespérer. Les hommes pratiques les constatent et que le problème offre des difficultés jamais rencontrées, et ils triomphent dans le ricanement et la négation. M. Thiers se moque du poète Lamartine qui croit à l'avenir des chemins de fer. Il sait bien, lui, que ce jouet ne transportera jamais les voyageurs plus loin que de Paris à Saint-Germain. Quand on donne à l'Académie des Sciences la première expérience du téléphone, l'Académie des Sciences accuse l'expérimentateur d'être un fumiste et un ventriloque. Peu d'années avant que Santos-Dumont réussisse son premier vol, la même Académie des Sciences décide de ne plus recevoir aucune communication sur le « plus lourd que l'air », si ridiculement paradoxal, chimérique plus visiblement encore que la quadrature du cercle ou le mouvement perpétuel.

Mais — dit-on — nul progrès éthique ne s'est jamais réalisé. A quoi je pourrais répondre avec le sourire : Qu'est-ce que ça prouve?

Mais, à la rendre aussi absolue, cette négation devient une erreur.

Impossible de concevoir un Socrate ou un Epictète dans la préhistoire.

L'arrêt trop visible de tout progrès éthique

depuis des millénaires ne suffit-il pas à constituer une objection décisive?

Eh! bien, non. Malgré la première apparence, rien là de singulier. Un cas comme un autre d'une loi universelle.

Quand Guillaume Amontons ou Claude Chappe inventa le télégraphe aérien, il apportait — comptez, si vous voulez, après combien de siècles — quel naïf et pauvre perfectionnement au système de signaux par quoi les assiégeants annoncèrent à la Grèce guetteuse que la ville de Troie était enfin conquise! Mais voyez comme, après ces millénaires extérieurement inertes, le léger déclenchement appelle de rapides merveilles : télégraphie électrique, télégraphie sans fil.

Depuis que l'homme rêve de voler dans les airs comme les oiseaux qu'il regarde, comme les anges et les dieux qu'il imagine, comme les Dédale et les Icare de ses veillées conteuses, que de millénaires vides! Heureusement tous les savants ne furent pas assez académiques pour se faire eux-mêmes, à la contemplation de cet immense désert, des déserts sans espoir. Santos-Dumont réussit un premier envol lourdaud, j'allais dire, comparant les proportions de l'homme et de l'insecte, un misérable saut de puce. Ensuite trente ans et la vie de plusieurs joueurs, hélas! suffirent à faire de l'homme le plus puissant et le plus vite — le plus infirme aussi et le plus exposé — des oiseaux.

La conception du progrès comme une marche simple, continue, linéaire, est aussi fausse que possible. La route en lacets qui, par mille contours montants, conduit jusqu'au sommet : image pauvre encore et inexacte.

Arrêtés comme des fleuves à l'époque des grands lacs, de nombreux progrès irrités s'accumulent, vaincus depuis des centaines, des milliers, des myriades d'années, contre la masse inébranlée des montagnes. Stagnations éternelles? Arrêts pour toujours? Allons donc! Demain ou dans mille siècles, l'eau subtile trouvera la fente que l'œil ne saurait découvrir; ou bien elle rencontrera une veine de terre à délayer. La voici qui glisse, s'insinue, travaille. Obscurs efforts, et déjà vainqueurs, que nous ignorons encore. Alerte! la terre coule, croule, roule, flot inattendu. Les rochers branlent, tombent, se heurtent, se brisent, s'émiettent, ruines et gouttes, parmi le torrent et la cataracte.

A les laisser flotter quant aux dates, tous les

espoirs humains deviennent légitimes, tous les rêves durables sont des réalités futures, chaque noble attente contient une promesse. Un désir de l'homme, c'est toujours présage de mille défaites, de mille catastrophes et d'un succès définitif.

Mais nulle richesse éthique ne sortira, blé jailli d'un gland, de la pauvreté rugueuse des progrès matériels. Ce sont choses d'un autre ordre. La liberté ne sera pas, comme l'imagine Spencer, fille de la nécessité. Notre vouloir persévérant la créera, non l'évolution ou l'accident. Et il ne faut pas que ce bien extérieur, loin de nous à une distance que nous n'osons même déterminer, devienne un appui et un besoin de la beauté intérieure, qui dépend de nous dès aujourd'hui.

Pour l'amour même de cette poésie, j'oublie, comme agent, cette poésie. Ainsi l'espérance reconquise ne me coûte rien. Elle ne modifie en rien ma fermeté ou mon action. Loin qu'elle exige des sacrifices, elle renforce mes raisons de ne jamais *me* sacrifier dans ce qui est vraiment moi, dans la clarté de ma raison, dans la pureté de mon cœur et de mes mains.

Tolstoï me charme par la façon douce et ferme dont il affirme que chacun doit écouter la seule loi de sa conscience et qu'à elle seule il faut obéir, non aux paroles des prêtres, des dominateurs ou des livres. Mais je ne sais quoi de hâtif m'inquiète dans la façon dont il se précipite au fraternisme chrétien. Mais ses conseils paraissent souvent empoisonnés d'espérance objective. Mais, mauvaise note pour un sage, il restera jusqu'à la fin tourmenté et malheureux.

Sa pensée n'avait pas une puissance plastique suffisante, qui n'établit pas — ou qui établit si tard — entre sa parole et ses actes l'harmonie nécessaire. Il raccommoda quelques souliers, il traça quelques sillons; il se montrait en vêtement de moujick et ne portait dans sa poche que quelques kopecks. Ces pratiques n'avaient-elles pas la flottante, l'inquiétante, la littéraire grâce des symboles plus qu'elles n'exprimaient la ferme beauté de la sagesse? N'étaient-elles pas des procédés d'enseignement plus qu'une méthode de vie? Sa fuite pour mourir pauvre et libre, que signifie-t-elle? Folie mystique ou beauté, trop littéraire encore, qui veut enseigner aux disciples ce que le maître n'a pas eu la force de pratiquer? Pour quiconque échappe à tout mysticisme et à toute manie pédagogique, la façon dont nous mourons n'importe que comme souriante et héroïque couronne sur l'harmonie héroïque ou souriante de toute la vie. Un geste, fût-ce le dernier, est une note de musique qui emprunte sa valeur à l'ensemble du morceau.

Jusqu'à sa dernière maladie, Tolstoï n'a rejeté qu'en apparence ces richessse qu'il considérait pourtant comme des maux et des obstacles à la véritable vie. Ses fils géraient ses propriétés foncières. Sa femme — qui peut-être apparaîtra odieuse quand l'histoire pourra s'écrire — gérait sa propriété littéraire. Il subissait un train de maison. Des visiteurs effarés nous le dépeignent à table couvert de la blouse populaire avec derrière lui deux respectueux laquais en habit noir.

Certes, il souffre de ces mondanités. S'il n'en souffrait pas, il serait un être bien banal et qui ne nous intéresserait, éthiquement, à aucun degré. Mais il faut savoir choisir entre les souffrances qui s'offrent. A un sage complet la souffrance de la rupture se fût imposée, non celle de concessions si énormes qu'elles équivalent à un renoncement pratique de la philosophie.

Malgré un peu de flottement mystique, malgré la naïveté de certains espoirs, malgré quelques déformations pédagogiques (1), la pensée de Tolstoï apparait, quand on le lit, harmonieuse et puissante. Moins puissante pourtant que celle d'Epicure, de Zénon ou de François d'Assise, elle ne parvint pas à modeler sur elle le penseur douloureux. Elle lui fit maudire ses chaînes; elle ne lui donna pas la force de les briser. La vie déchirée de Tolstoï est, comme celle de Marc-Aurèle, un fantôme philosophique, non, comme celle de Socrate ou d'Epictète, une philosophie en action.

Ibsen est individualiste par la formule qu'il aime : « Ce que tu es, sois-le pleinement ». Il est individualiste profondément par sa méthode, par son socratisme, par son effort pour éveiller les consciences et ne pas les conduire : « Je veux seulement les réveiller, — dit son Rosmer, à l'heure la plus ambitieuse et la plus ibsénienne, — c'est à eux d'agir ensuite. » Et, dans un poème, Ibsen déclare en son propre nom : « Je ne fais que poser

(1) « Je suis semblable — disait Diogène de Sinope — aux maîtres de musique qui forcent le ton pour y ramener leurs élèves ». — Ne forçons jamais le ton. Si je me déforme pour former les autres, je suis certain de ma déformation, non du succès extérieur.

des questions, ma mission n'est pas de répondre. » Loin de tout dogmatisme, sa parole, comme la parole de Socrate, est ironique ou maïeutique. Elle lui ressemble encore par je ne sais quel accent familier et, si on néglige la flamme intérieure, presque vulgaire. Individualiste par son refus des missions qu'on lui voudrait imposer du dehors, il l'est également par son refus de désigner aux autres leur mission ; par son souci de ne résoudre les questions que pour tel personnage bien défini, non pour tous les hommes ; par ses railleries contre les Grégoire Werlé, apôtres naïfs qui présentent à tous les mêmes « réclamations de l'idéal » ; par la façon dont il étudie les J. G. Borkmann et les Hedda Gabler, grands ou petits conquérants qui veulent influer sur d'autres destinées et réussissent surtout à se détruire eux-mêmes. Il sait qu'un Napoléon passe sa vie aveugle à voguer vers Sainte-Hélène. Il est subjectiviste par son amour de la pleine et profonde sincérité, par le conseil de ne chercher qu'en soi-même ses principes d'action. Il me satisfait par ce qu'il y a de généreux dans son individualisme, par la critique implacable de ces Pear Gynt qui croient se réaliser quand ils s'enferment, pour les adorer, parmi les changeantes idoles de la caverne. « Le soi-même gyntien, c'est la foule armée des convoitises, des désirs, des passions; le soi-même gyntien, c'est le flot des fantaisies, des exigences, des droits. » Ibsen sait que ce moi superficiel varie selon les temps et les milieux, porte mille empreintes successives et flotte à tous les vents. Le véritable moi est plus profond, activité et non passivité, raison et non appétit, constance harmonieuse et non caprice ou impatience. Seule la surface de la mer se soulève aux tempêtes; les profondeurs restent calmes. Il sait, comme tous les subjectivistes, que c'est dans la partie stable et raisonnable de notre être que nous pouvons trouver le refuge et édifier le temple serein.

Mais en apparence seulement Ibsen s'affranchit du mensonge social, s'il est exact qu'il se montrait avide d'honneurs et poussait l'enfantillage jusqu'à porter une brochette de décorations. N'avait-il pas lancé son fils dans une carrière officielle, dans la Carrière par excellence et le mensonge le plus éminent, la Diplomatie?

D'ailleurs, à le lire sévèrement, en gardant présents à l'esprit les subjectivismes les plus purs, on sent avec une fréquence douloureuse l'infériorité d'Ibsen. Son idéalisme s'adultère d'objectivisme et il pèse sur son rêve on ne sait quel eudémonisme lourdaud. Sa naïveté semble parfois promettre à l'individu la puissance matérielle autant que l'essor spirituel ou la beauté éthique. Il ignore, dirait-on, ce qu'ont si bien connu certains Grecs, Socrate, Epicure ou Zénon, que le bonheur est une forme dont la matière n'importe point, une statue qui n'est pas moins noble et moins précieuse pour être sculptée dans une pierre pauvre (1).

Aucun homme récent, aucun moderne peut-être ne paraît un suffisant chef-d'œuvre subjectiviste. Sans doute, il est beau déjà de proclamer une pensée qui condamne notre vie, de porter sa rougeur et sa honte comme un drapeau, de consentir à la douleur de l'aspiration qu'on n'a pas la force de réaliser. Il faut déjà quelque courage pour refuser d'établir aux bas-fonds, en faisant crouler sa parole et sa pensée au niveau d'une conduite banale ou incertaine, l'ordinaire harmonie de mensonge et de ruine. Pourtant ceux-là seuls émeuvent en moi amour, admiration et émulation qui réalisent sur les sommets l'harmonie véritable; qui élèvent d'une même ascension hautaine leurs actes et leurs pen-

---

(1) J'ai publié une brochure intitulée : **La philosophie d'Ibsen.**

sées; qui, au lieu d'abandonner leurs gestes, comme des réflexes, à toutes les irritations venues du dehors, en font les expressions et les rayonnements de leur être intime. Peut-être cette victoire est plus difficile dans le monde moderne, milieu plus complexement et minutieusement tyrannique. L'effort n'en est que plus noble; le succès n'en serait que plus glorieux. Si Epicure ou Epictète vivaient aujourd'hui, ils auraient, je crois, l'héroïsme de se réaliser selon la même ligne qu'autrefois. Eh! puis-je affirmer qu'ils n'existent point, lumières aussi ardentes qu'enveloppe plus d'obscurité étrangère et — tant pis pour le siècle, non pour leur beauté occultée! — ignorés d'une époque qui marche à quatre pattes et dont les regards se noient dans la boue?...

•

NOTE. — Je sais à quel point ce chapitre est incomplet. Parmi ses lacunes il en est qui n'accusent pas mon ignorance et qui ne s'excusent pas non plus sur le peu d'espace en quoi je voulais enfermer ce résumé. Même si j'écrivais tout un gros livre sur la seule histoire de la sagesse, j'oublierais ou écarterais d'un mot plusieurs de ceux qu'on me reprochera d'avoir négligés. Deux exemples : La Boétie, que j'aime beaucoup et à qui j'ai consacré un des onze dialogues de mes **Apparitions d'Ahasverus**, me semble appartenir à une histoire de l'individualisme politique plutôt qu'à celle de l'individualisme éthique; — Max Stirner appartient à l'histoire de l'individualisme économique. Toute frontière est un peu artificielle, mais nos goûts, sinon notre raison, tracent les limites de nos travaux.

Et voici un silence d'amour. Si je n'ai signalé qu'accidentellement et pour une discussion un peu chicaneuse et défensive le personnalisme de Charles Renouvier et de Louis Prat, c'est parce que j'aime fraternellement Louis Prat, grand philosophe presque inconnu; que je veux forcer à le chercher dans sa propre parole; que je désire faire de chaque lecteur de **La Sagesse** qui rit un lecteur de ce chef-d'œuvre bienfaisant, **La religion de l'Harmonie.**

CHAPITRE VI

L'objection déterministe

Une philosophie pratique, si elle n'est point pratiquée, est vraiment peu de chose. En éthique comme en esthétique, le grand intérêt des théories, c'est d'éclairer la pratique antérieure. Si la *Poétique* d'Aristote ne nous aidait à comprendre plus profondément Eschyle, Sophocle et Euripide, que nous importerait la *Poétique* d'Aristote? Lorsque le théoricien est lui-même un artiste, ses doctrines font, sur ses œuvres, des notes de lumière. Mais de celui qui projette ses rayons sur des efforts ridicules, la lumière nous est aussi indifférente que ce qu'elle éclaire. Seule la curiosité des érudits, stupide et sans choix comme celle des commères, se peut inquiéter des idées de Chapelain ou du père Lemoine sur l'épopée. Lirions-nous les *Examens* de Corneille, si Corneille n'avait dressé quelques abrupts chefs-d'œuvre? Lirions-nous la préface de

Cromwell, si Hugo n'était que l'auteur de *Cromwell?* Le *Manuel* d'Epictète et, magré nos doutes sur l'exactitude de Platon et de Mathieu, l'*Apologie* ou le *Discours sur la Montagne* nous émeuvent à nos profondeurs et à nos sommets à cause de la noblesse de Socrate, d'Epictète ou de Jésus. Transformez ces héros en caractères vulgaires : leurs paroles nous laisseront aussi froids que les déclamations morales dont l'avide Salluste fait le préambule de ses petits livres.

Le chef-d'œuvre du poète ou du sage n'est pas le produit des règles. Mais les règles, tracées d'après le chef-d'œuvre, nous en offrent comme le schéma. Nous goûtons un vif plaisir intellectuel à passer alternativement du concret à l'abstrait, de l'abstrait au concret. Si notre effort artistique ressemble en quelques points à celui de l'artiste étudié, nous sommes joyeusement et utilement éclairés sur nous-mêmes. Sa victoire et la tactique de sa victoire nous enveloppent de rayonnement et nous pénètrent de courage. Un exposé du subjectivisme n'a pas la prétention de créer des subjectivistes : une telle puissance n'appartient ni au livre ni à la parole. On peut seulement indiquer ce qu'est le sage réalisé et, dans une pauvre mesure, par quels moyens il s'est réalisé. Les règles de conduite que donnaient les stoïciens sont dignes de nos méditations. Mais la grande émotion éthique, ils la soulèvent en nous par le portrait du sage et surtout par la vie de quelques-uns d'entre eux. Supposez que le stoïcisme n'eût produit, avec des Chrysippe subtils et sans vertu, que des Senèque déclamateurs et esclaves de toutes les servitudes volontaires (1) : le stoïcisme appartiendrait à l'histoire des doctrines mortes. Ce qui le rend immortel dans de nombreuses admirations et dans quelques efforts fraternels, c'est d'avoir été vécu complètement par Zénon de Cittium, par Cléanthe, par Epictète; c'est, à côté de ces héros sans défaillance, d'avoir produit les gestes héroïques de Thraséas, des deux Arria, de Dion Bouche-d'Or, de combien d'autres. Le stoïcisme est la doctrine la plus riche en sages et en actes de sagesse. Il est vivant comme serait vivante, dans un autre ordre, l'école à laquelle on devrait les trois quarts des chefs-d'œuvres littéraires.

Je résiste à la hâte émue qui m'entraîne vers l'étude du subjectiviste réalisé. Il me semble que

(1) Sur Sénèque, les curieux peuvent lire le chapitre II de mes **Apparitions d'Ahasverus.**

je devrais, auparavant, indiquer, dans la mesure possible, quels chemins ont conduit les sages jusqu'à la magnifique réalisation. Deviné, le panorama qu'on doit apercevoir du sommet souverain m'appelle et me charme. Ne faut-il pas, avant de le décrire d'après d'autres voyageurs, chercher quel sentier permettra peut-être de monter la côte et, au lieu de continuer à le supposer, de voir enfin moi-même le grand spectacle? Pour ce qui est de donner à autrui des jambes, et la force, et le vouloir de monter, cela ne m'appartient, ni à personne.

Mais, avant ces recherches vers quoi je me sens soulevé par des impatiences, il est peut-être utile d'écarter une objection préliminaire, l'objection déterministe. Peut-être aussi sera-t-il intéressant de chercher, avant de les remplir, les véritables limites de la sagesse et, avant de tenter de le formuler, le véritable caractère de son impératif.

•

A tout effort pour construire une éthique, science ou art, morale ou sagesse, on a l'habitude d'opposer, comme un obstacle préjudiciel et dont, sous peine de faire œuvre vaine, le moraliste ou le sage doit d'abord triompher, le déterminisme universel. Coutume absurde, mais dont la faute première revient aux moralistes. Si beaucoup de ces imprudents n'avaient commis l'erreur de lier leur doctrine à une métaphysique et d'affirmer le libre-arbitre comme une évidence immédiate, comme une vérité démontrée ou comme un postulat nécessaire, on leur épargnerait peut-être l'importune objection.

Le déterminisme manifeste une prétention insoutenable, s'il se dit scientifique au même titre que les vérités expérimentales. Il n'y a de scientifique, au sens étroit et concret, que l'observation des phénomènes et de leurs relations invariables. Le déterminisme peut se prétendre scientifique d'une ou de plusieurs autres façons : il semblerait peut-être à un Kant physicien un postulat de la science; d'autre part, les habitudes d'esprit données par la culture des sciences conduisent vers l'adhésion au déterminisme. Mais c'est ici de la science transportée hors de son domaine légitime, dans la métaphysique; c'est de la science qui dépasse les connaissances positives actuelles et, si je ne me trompe, les connaissances positives possibles. Tout me paraît légitime en métaphysique sauf l'affirmation ou du moins — soyons généreux pour les dogmatiques — sauf l'affirmation exclusive et intolérante, sauf l'effrayante quantité de négations contenues dans toute affirmation précise. C'est en ce sens que le positivisme est la vérité. Dès que je pénètre au royaume métaphysique, je suis dans le rêve et la poésie (1). Je puis y entrer par la porte scientifique : la porte une fois passée, je ne parle plus en savant. Je puis y entrer, comme Kant, par la porte morale : je commets une faute, si je continue à affirmer.

La science semble à quelques-uns exiger le déterminisme universel ; d'autres croient que l'éthique exige la liberté. Mais le savant ne se sent pas obligé, avant d'établir une loi particulière, de démontrer que tout obéit à des lois. Pourquoi le sage serait-il obligé, avant d'user de sa liberté, de démontrer sa liberté ? Zenon d'Elée croit-il, en argumentant contre la possibilité du mouvement, couper les jambes de Diogène ? Une théorie du libre arbitre n'appartient pas plus à la sagesse, qu'une théorie du mouvement n'est nécessaire à l'homme qui marche ou que la démonstration du déterminisme n'est obligatoire pour le physicien. Ni phy-

---

(1) Sur l'attitude sage en métaphysique et sur ma métaphysique on peut consulter **Les Synthèses Suprêmes.**

sique ni sagesse ne pénètrent au royaume des antinomies. Je n'ai pas le droit de croire que je réfute le savant en lui demandant : « Prouve-moi qu'il n'y a pas de contingence dans l'univers » ou que je réfute le moraliste en exigeant : « Prouve-moi qu'il y a de la liberté en toi ». Est-ce qu'avant de lui laisser démontrer son premier théorème, j'exige du géomètre qu'il résolve l'antinomie de l'espace infini et de l'espace fini? Est-ce qu'avant de permettre à l'arithmétique de construire la doctrine des fractions, j'exige qu'elle me montre comment la divisibilité à l'infini peut se concilier avec l'existence des corps?

Dans ce livre uniquement orienté vers la sagesse et qui précisément s'efforce de la dégager de toute discipline étrangère, métaphysique ou scientifique, je devrais écarter, négligent, l'objection déterministe et me refuser à toute méditation sur le libre-arbitre. Mais il arrive que de telles sévérités méthodiques me blessent dans mes lectures comme des fuites d'avare. D'ailleurs, pourquoi ne pas m'accorder, à l'occasion, la diversion et le sourire d'un peu de métaphysique, ou de quelque chose qui en approche. Il suffit que je sache, quand je consens de tels crochets, que j'ai quitté mon chemin et, pour un instant, oublié mon but. Il suffit que ces méditations supplémentaires n'aient aucune influence sur la construction de ma sagesse pratique; comme de telles rêveries, même lorsque le savant les prend au sérieux, ne troublent en rien ses recherches de savant. Accordons-nous une promenade de plaisir et de curiosité. Visitons un site historique que le travail des siècles et les continuels combats des hommes ont peut-être rendu intéressant.

Certes, je n'espère pas résoudre le problème que personne n'a résolu. Même je suis persuadé que nul problème métaphysique ne sera jamais ni résolu ni abandonné. Et je crois apercevoir pourquoi.

Je ne puis saisir que des phénomènes. Quand j'essaie en souriant d'imaginer ce que protègent les voiles d'Isis; quand je poursuis les fuyantes réalités qui se cachent peut-être sous le masque phénoménal, je n'ignore pas le jeu auquel je me livre. Je ne suis plus le naïf qui se contente de lointaines apparences et, dès qu'il croit apercevoir une lueur, proclame un acte de foi. Les fantômes qu'il me semble distinguer par instants, dans la brumeuse région, je connais leurs mœurs par trop d'excursions précédentes. La coquetterie de ces ombres et de ces phosphorescences semble m'appeler. Tout s'efface et s'évanouit dès que j'avance. Lorsque j'ai bondi pour en saisir une par surprise, elle s'est, comme une fumée, dissipée sous mon élan. Après mille autres, j'ai refermé, sans rencontrer que le vide, des bras déçus.

Certaines solutions métaphysiques me caressent, un moment, d'une haleine agréable ; si je m'attarde auprès d'elles, elles me glacent ; si j'essaie d'en faire le tour où de les pénètrer, je me heurte à je ne sais quel mur invisible et froid.

Toute solution métaphysique satisfait certains de mes besoins intellectuels, blesse d'autres de mes nécessités. Est-ce parce que le fond des choses (mais en quel sens y a-t-il des choses et en quel sens ont-elles un fond ?) serait hostilité et contradiction ? Est-ce parce que les ambitieuses exigences de l'esprit humain sont elles-mêmes contradictoires ?

Mon esprit a des besoins d'unification, de liaison, d'explication, que flatte le déterminisme. Mais le besoin, logique aussi, qu'Aristote exprime par ces mots : « Il faut s'arrêter », le déterminisme le blesse. Au commencement, il ne saurait y avoir détermination. Pour que quelque chose soit déterminé, il faut qu'une ou plusieurs forces déterminantes aient préexisté. La logique ne permet pas de concevoir le commencement comme déterminé. Il me déplaît que le déterminisme, qui choque en moi tant d'autres sentiments et qui ne me promet que des satisfactions logiques, choque aussi un besoin logique.

Mais tout changement n'est-il pas un commencement? Y aurait-il changement, s'il n'y avait rien de nouveau, si l'état actuel pouvait se ramener totalement à l'état antérieur? Rien de nouveau au point de vue de la matière, je ne sais pas, je veux bien; l'idée charme certaines de mes tendances. Mais du nouveau formel, certes. Et pourquoi la forme m'intéresserait-elle moins que la matière? Pourquoi la statue m'intéresserait-elle moins que le marbre dans la carrière? Si j'étais exclusivement déterministe, si je sacrifiais tout au besoin logique, au besoin d'expliquer totalement aujourd'hui, et par conséquent de montrer qu'il n'ajoute rien à hier, j'aurais, il me semble, le courage de nier tout changement et tout mouvement. J'affirmerais avec les Eléates l'unité et l'immuabilité. J'oserais ce coup désespéré de tout expliquer jusqu'au point de rendre tout inexplicable.

L'idée de commencement est une idée humaine à laquelle rien peut-être ne correspond dans l'insaisissable réalité. Mais il en est de même des idées, de liaison, d'unité, d'explication. Il n'est pas indéniable que le monde soit une logique.

Je ne puis rien concevoir que selon certaines formes qui me constituent. Ces moules rigides, dans quelle mesure déforment-ils le réel? Malgré les déformations les plus hardies, je ne parviens jamais à faire entrer le réel dans toutes mes formes, à le rendre conciliant à tous mes besoins. Je suis contraint, si je prends un parti définitif, de sacrifier une part de mes nécessités intellectuelles. Tout parti définitif, en métaphysique, est un consentement à une ou plusieurs amputations.

Un homme sincère osera-t-il prétendre qu'il a une conception adéquate de ce que nous appelons cause? Chacun sent qu'il se représente mal la cause. C'est notre lassitude ou notre impuissance qui finit par subir telle ou telle conception. Ou bien c'est le désir d'apaiser, aux dépens d'autres besoins, tel besoin particulièrement exigeant et criard. Mais, chez quiconque est vraiment complet, l'affirmation s'accompagne de remords et la définition blesse, fagot d'épines. Nous sentons trop que nous acceptons comme lumière une ténèbre restée irréductible.

La conception à laquelle, faute de mieux, s'arrête celui-ci est toute mécanique et le voici déterministe. Mais peut-il être satisfait? Son esprit n'est-il pas plus large que sa doctrine? Peut-il ne pas sentir qu'il y a dans le monde autre chose que du mécanisme?...

Qu'y a-t-il en dehors du mécanisme? Je n'aurai pas l'audace de définir ce résidu sur quoi la science positive n'aura peut-être jamais aucune prise. Mais la tendance de plusieurs est d'imaginer le non-mécanique à l'image de la volonté que nous sentons ou croyons sentir en nous. Métaphysique exclusivement logique, le déterminisme donne une impression de pauvreté, déçoit ma tendance à expliquer le côté dynamique du microcosme et du macrocosme. La métaphysique de la liberté, toute psychologique, néglige certains besoins logiques. Subjectivement, aucune métaphysique ne satisfera l'ensemble de mes besoins intellectuels.

Objectivement, qu'est-ce qui me trompe le plus, ma logique ou le sentiment interne de ma liberté? Je ne le sais, et je n'ai aucun moyen de le savoir. Dans quelle mesure tel de mes besoins intellectuels ou l'ensemble de mes besoins intellectuels correspondent-ils à la réalité profonde? Je ne le sais ni ne vois le moyen de le savoir.

Tout ce qui existe est un produit, affirme un déterministe. Mais, d'abord, si je ne veux obéir qu'à ces besoins logiques dont il se réclame, je remarque qu'avant le premier produit, il a fallu une chose ou peut-être plusieurs choses qui ne fussent pas des produits. Chronologiquement, je ne sais ; je suis impuissant à débrouiller le problème des origines. Mais, logiquement, un produit suppose avant lui quelque chose.

Même aujourd'hui, un être n'est-il *qu'un produit*? Pour affirmer ou nier scientifiquement ce déterminisme absolu, il faudrait pouvoir épuiser par l'analyse chaque être, chaque état, chaque phénomène, de façon à connaître toutes ses causes et tous ses composants. Si l'ensemble des causes expliquait toujours *sans résidu* la totalité de l'être, de l'état, du phénomène ; si les composants se trouvaient tous exister avant lui ; si nulle possibilité de nouveauté ne se rencontrait dans sa forme ni dans sa matière : on affirmerait le déterminisme absolu. Si, étant certain de connaître *toutes* les causes, il restait un résidu, on nierait le déterminisme absolu.

(Mais, puisque l'être est différent des éléments à quoi on le réduit, n'y aura-t-il pas toujours un résidu? Même si la matière pouvait être épuisée par cette rigoureuse analyse, n'y aurait-il pas toujours dans la forme une nouveauté irréductible?)

Cette analyse complète et où l'on serait certain de n'avoir rien négligé est-elle toujours possible? Est-elle possible dans un seul cas concret? Je ne le crois pas. Comme mon esprit ne veut pas affirmer ou nier témérairement, mon esprit s'abstient d'affirmer et de nier.

Si je puis suspendre mon jugement, mes gestes, eux, sont forcés d'affirmer ou de nier. Quand je fais une recherche scientifique, je procède avec la même confiance qui si le déterminisme était absolu, je m'acharne d'un zèle aussi âpre que si je concevais la possibilité d'une explication intégrale. Rares, les savants qui ne permettent pas à leurs attitudes de chercheurs et aux nécessités de leur action de peser sur leur esprit et de leur imposer une métaphysique. Rares, les positivistes assez prudents et largement intelligents pour ne pas se laisser entraîner à nier ce que la méthode leur fait négliger. Le savant a raison d'accepter le déterminisme comme hypothèse de travail. Il a tort de confondre une hypothèse de travail avec une explication complète et définitive.

Quand je fais œuvre d'art, quand je modèle suivant un rêve de beauté une matière extérieure ou ma plasticité interne, j'agis comme si j'étais certain de ma liberté.

Malgré la sincérité la plus en éveil, notre façon d'agir a toujours quelque influence sur notre façon de penser. A ceux qui pensent assez profondément pour que certains postulats de leur action leur deviennent conscients, ces postulats finissent souvent par s'imposer, malgré les protestations de la prudence, comme des vérités objectives. Défaite d'autant plus difficile à éviter que notre action remporte plus de victoires. L'homme dont l'activité est d'ordre scientifique échappe difficilement au déterminisme. L'artiste et le moraliste tendent, au contraire, à affirmer la liberté. (Il me semble pourtant que je rencontrerai tout à l'heure, quand je reviendrai à mes sages et à mes demi-sages, de curieuses exceptions.)

La logique scientifique — si prudente tant que l'observation est possible, qui multiplie à chaque pas les vérifications parce que chaque pas loin du fait la rend, elle le sait, plus incertaine et plus trompeuse —, manifeste, dès que le savant s'occupe de métaphysique, la plus amusante intrépidité. Seul un prêtre est aussi insolemment et ridiculement dogmatique qu'un savant sorti de sa science. Beaucoup osent affirmer comme un fait le déterminisme absolu sans même s'apercevoir que leur conclusion déborde infiniment ce qui est donné par les faits.

Les seuls arguments solides que les déterministes aient à leur service sont d'ordre négatif. On montre que les apparences nous trompent souvent et que par conséquent le sentiment que nous avons de notre liberté *peut* nous tromper. Conclusion légitime. Mais on ne parvient pas à prouver que ce sentiment nous trompe en effet. On me donne la plus utile leçon de prudence. Il ne serait pas inutile que celui qui la donne l'entendît lui-même. En dehors de mes gestes, rien ne parvient à m'acculer à la nécessité d'affirmer ou de nier. Tout réussit à m'empêcher d'affirmer, à m'empêcher de nier.

A certaines profondeurs, je ne sais plus si le mot *liberté* conserve encore une signification. Aux mêmes profondeurs, j'ignore si le mot *cause* conserve une signification. Dans une région moins ténébreuse ou moins éblouissante, dans ce pays de la diversité distincte où tout n'échappe pas à mon emprise, chaque mot a un sens, même le terme le plus relatif, même le mot « actif » ou le mot « passif ».

Un tigre me dévore. Certes, quelque passivité

se mêle à son activité; dans ma passivité aussi, on découvrira une manière d'activité. La nature de la nourriture qu'il assimile a sur lui une influence quelconque. Il me semble pourtant que le tigre a un peu plus d'influence sur la nourriture et je ne crois pas que même le Bouddha digéré réussisse à l'humaniser. Quand le tigre me dévore, le spectateur a donc le droit de dire en gros, négligeant les influences secondaires, que le tigre est l'agent et que je suis le patient.

La nourriture que je prends a une influence sur moi. Sauf quand elle m'empoisonne, j'ai plus d'influence sur elle; je la transforme plus qu'elle ne me transforme; je l'assimile et je ne suis pas assimilé.

De façon peut-être plus intéressante que nous ne sommes matière, le tigre et moi sommes deux formes et, de quelque manière qu'on le veuille entendre, deux puissances qui, pour maintenir ces formes, luttent contre les déterminismes extérieurs.

Dans mon esprit aussi, il y a quelque chose que, par analogie, j'appelle matière; quelque chose que, par analogie, j'appelle forme; quelque chose que, sans analogie, j'appelle force ou activité et qui est peut-être pour moi le type premier de tout ce que j'appelle force ou activité. Voici la guerre, le tigre. Le tigre dévore en partie Anatole France; dévore totalement Jean Richepin et quelques autres. L'Anatole France ne subsiste plus entier, qui se caractérisait par une certaine liberté d'esprit et un dédain élégant pour « les trognes à épée ». Les derniers restes du Richepin *touranien* disparaissent dans l'estomac du monstre. Mais il y a toujours l'ancien Romain Rolland : sa pensée a absorbé la guerre sans en être déformée; cette matière a pris sa forme inchangée; il a dévoré le tigre au lieu de se laisser dévorer et il n'a pas été empoisonné.

Je croirai parler correctement si je dis que, dans cette circonstance, Romain Rolland est resté un homme libre, un esprit libre, une parole libre; et si je dis que Richepin ou Anatole France ont été agis comme des esclaves ou, plus serviles encore, comme des soldats.

Je sens que je suis plus libre en plein air qu'en prison; plus libre dans une prison moderne que dans le *carcere duro*, carcan au cou, fers aux pieds et aux mains. Je me sens plus libre en état de santé que dans la maladie, quand je sais que lorsque j'ignore, dans le sang-froid que pendant une crise de passion. Libertés relatives, qui le nie?... Hors de la métaphysique, tout est relatif.

C'est peut-être parce que la métaphysique prétend saisir l'absolu qu'elle nous montre toujours des fuites et des évanouissements de fantômes.

Ne confondons jamais les précieuses vérités relatives de la science ou de la pratique avec les ambitieux et glissants absolus de la métaphysique.

En un sens, les gestes de Phidias sont plus libres et chanteurs que ceux de l'apprenti. En un autre sens, vous prétendez qu'ils sont également déterminés. Cela empêche-t-il le marbre travaillé par Phidias d'avoir une autre valeur que celui qui sort des mains gauches du débutant? Phidias est mieux dirigé par l'avenir ailé; l'apprenti est plus déterminé et attardé par le lourd passé. Pouvoir me déterminer au lieu d'être déterminé, obéir à des considérations d'idées et d'avenir au lieu d'être mécaniquement agi par le passé, c'est peut-être cela que parfois j'appelle liberté.

Comme certaines théories déterministes aiment à prendre des formes laides! C'est que le déterminisme, expliquant le plus par le moins, diminue peut-être ce qu'il explique; expliquant le supérieur par l'inférieur, abaisse peut-être le supérieur. Ayant sur la matière une prise plus facile, il néglige souvent la forme ou s'applique à en faire un produit de la matière, à en faire encore de la matière. Ne serait-ce point là une tare de toute explication scientifique ou pseudo-scientifique? Ramener le complexe au simple. Mais le complexe deviendra-t-il le simple sans rien perdre à l'opération?

L'individu présente, d'après les logiciens, des caractères en nombre infini, inépuisable, qui s'opposent à toute définition de l'individu. Mais l'individuel seul a une réalité concrète. Une formule générale ne s'applique à la rigueur à rien. Chaque fois que, pour la facilité de la parole ou de l'industrie, nous l'appliquons, sauvons notre esprit philosophique en nous souvenant qu'elle ne peut tout dire et que chaque objet concret la déborde. Plus une explication est simple, plus elle réjouit certains de mes désirs intellectuels; plus aussi elle s'écarte de la riche complexité de ce qui est. Expliquer l'homme par la biologie; le vivant par la chimie; la chimie par la mécanique : tendance inévitable. Tendance scientifique. Résultats intéressants puisqu'ils éclairent une partie des phénomènes chimiques, une partie des événements de la vie, une partie de l'histoire humaine. Scandale philosophique, si on oublie qu'il y a toujours un résidu. Expliquer, comme l'entendent quelques-uns, c'est supprimer. Expliquer, c'est ramener une chose à une autre. Mais une chose n'est pas une autre chose et rien n'est jamais totalement expliqué. Ce que j'explique et supprime dans mon esprit n'est ni expliqué ni supprimé hors de mon esprit.

N'est-ce pas Octave Mirbeau qui croit quelque part expliquer Platon en constatant que les pensées du philosophe dépendent de son intestin et que, si Platon n'allait pas à la garde-robe?...

Sans doute, l'intestin commande au cerveau dans une certaine mesure, dans une mesure que nous ignorons. Dans une mesure que nous ignorons aussi, le cerveau commande à l'intestin : Flaubert, pendant qu'il décrivait l'empoisonnement de Mme Bovary, éprouvait des symptômes d'empoisonnement. Toutefois Mirbeau eût peut-être été embarrassé pour déduire de la pensée et du style des *Dialogues* l'état des intestins de Platon. Croyait-il aussi, ce Mirbeau, génial par la passion et par la puissance verbale, mais de pensée un peu grosse et naïve, que tous les intestins constipés concordent avec des cerveaux puissants ou avec des cerveaux inférieurs? J'aimerais, comme un excellent humoriste, le médecin qui verrait ici une occasion heureuse d'appliquer la méthode des *variations concomitantes*.

Nous pouvons affirmer un déterminisme relatif. Tel détail de style s'expliquera par l'état physique de l'écrivain. Cela pourra m'intéresser. Cela ne me donnera jamais le plus intéressant. Je soupçonne que les explications grossières laisseront un résidu d'autant plus riche que l'écrivain à expliquer aura plus de génie ou même de talent. Le génie ne serait-il pas une forme spontanée de la liberté et le talent une libération? Platon va à la garde-robe, comme Joffre ou Hindenburg. On me permettra de préférer l'Académie de Platon à l'Académie dite française même depuis que « notre Joffre » en fait partie et de relire le *Banquet* plutôt que les communiqués de la dernière guerre.

Que le savant, puisque c'est son métier d'expliquer, cherche héroïquement comme si tout était explicable et comme si le déterminisme était la totale vérité. S'il veut rendre à sa pensée grâce et souplesse, qu'il oublie, hors du laboratoire, cette lourde nécessité de sa besogne. En même temps qu'il se lave les mains, qu'il se décrasse le cerveau. Penché sur les cornues malodorantes, tout entier aux réactions qu'il étudie, le chimiste oublie peut-être les fleurs et les oiseaux. Qu'il nous permette de ne les point nier.

Surtout qu'il sache bien que ses analyses ne touchent guère qu'à la matière, ne m'apprennent rien ou peu de chose sur la forme. Elles donnent les mêmes résultats quand elles s'appliquent à la dernière des croûtes ou au plus émouvant des tableaux. Les pierres de Notre-Dame sont les mêmes, pour la science, que celles de telle chaumière. Les savants me permettront peut-être, malgré leurs précieuses analyses, de ne pas confondre le chef-d'œuvre et la banale construction. Aux mêmes vingt-quatre lettres se réduisent scientifiquement la missive de l'ignorant, le feuilleton de Xavier de Montépin, la *Tentation de saint Antoine* et la *Guerre du Feu*. Je trouve pourtant dans la *Guerre du Feu* et dans la *Tentation* quelque chose qui ne se rencontre pas aux élémentaires besognes du feuilletonniste. Si la science ignore ce quelque chose, c'est que la science devient, dès qu'il s'agit du vraiment intéressant, la grande aveugle.

Mais essayons de revenir vers l'éthique.

Remarque curieuse : tandis que l'indulgence épicurienne s'associe à une doctrine du libre-arbitre, les stoïciens, plus rigoureux et qui demandent davantage à la volonté, sont déterministes. Spinoza, qui intitule *Ethique* son œuvre capitale, est déterministe. Les ascétiques jansénistes donnent beaucoup à la grâce, c'est-à-dire à une puissance étrangère et par conséquent à un déterminisme. Mais ne lui donnent-ils pas tout, en détail et dans l'ensemble? Puisque nulle bonne œuvre, nulle bonne pensée n'est possible, d'après eux, sans le secours de la grâce; puisque, tant que Dieu ne nous détermine pas au bien, la malice de notre nature nous détermine nécessairement au mal; puisque chacun de nous est prédestiné au salut ou à la condamnation? Les Jésuites, plus relâchés, font plus large la part de la liberté. Kant le sévère est déterministe tant qu'il s'agit de la vie que nous connaissons et du monde des phénomènes; il relègue la liberté dans le royaume brumeux des noumènes et dans notre avant-naissance. Pratiquement, c'est la supprimer. Ainsi, historiquement, des doctrines déterministes coexistent souvent dans un même esprit avec la préoccupation de régler la conduite.

Si on y réfléchit, on ne s'en étonnera pas plus que de voir les affirmations déterministes coexister chez un même homme avec les préocupations scientifiques. A y regarder de près, ce n'est pas seulement la liberté qui est nécessaire à la sagesse, c'est aussi le déterminisme; ce n'est pas seulement le déterminisme qui est nécessaire à la recherche scientifique, c'est aussi la liberté.

S'il ne croyait pas que sa pensée et son désir déterminent ses actes, le sage tenterait-il de diriger sa pensée et de purifier son désir? Si je ne croyais pas que mon geste d'aujourd'hui établit une pente qui contribuera à déterminer mes gestes futurs, je perdrais peut-être ma meilleure raison de veiller sur mon geste d'aujourd'hui. En étudiant la sagesse, en m'appliquant à la traduire dans ma conduite, je fais acte de foi tout ensemble à la liberté et au déterminisme.

En s'appliquant à ses recherches, le savant fait aussi — mais il se doute de l'un, non de l'autre — les deux actes de foi qui lui paraissent contradictoires. S'il croyait efficacement ne posséder nul pouvoir sur ses gestes et sur ses pensées, il ne s'efforcerait pas d'ordonner ses pensées, il ne dirigerait pas ses gestes vers la réalisation de telle ou telle expérience. La contradiction qu'on veut relever dans l'activité éthique se trouve, au même degré, dans toute activité téléologique. Et elle n'empêche aucune activité téléologique, ni la science, ni l'art, ni la sagesse. Le savant déterministe affirme que sa pensée actuelle est déterminée par l'état immédiatement antérieur de son cerveau, et peut-être de tout son corps, et peut-être de l'univers. Cette conviction ne l'entraîne pas à abandonner sa pensée au hasard. Il s'efforce pour établir directement, entre sa pensée de maintenant et sa pensée de tout à l'heure, un lien logique.

Dans une certaine mesure, il fait triompher le déterminisme logique sur l'ensemble des déterminismes inférieurs. Or tout déterminisme logique, comme tout déterminisme téléologique, est, comparé aux déterminismes matériels, une forme de la volonté et de la liberté. Plus une démonstration du déterminisme sera puissante, plus elle contiendra d'effort efficace et de liberté.

Je sais qu'il y a un lien entre chacun de mes actes et l'état général de mon être. Mais ce lien a sans doute quelque élasticité, puisque je m'efforce, quelquefois avec succès, d'établir un lien harmonieux dans la série de mes actions et de faire de ma conduite une courbe qui soit belle. Dans une certaine mesure, je fais triompher le déterminisme de sagesse sur les déterminismes inférieurs. Or la victoire de ma raison dans mes gestes, c'est précisément ce que j'appelle ma liberté.

Malgré votre déterminisme, vous donnez à votre esprit une éducation scientifique. Pourquoi mon déterminisme m'empêcherait-il de donner à mon caractère une éducation stoïcienne? Le sculpteur, devant son marbre, ne songe pas que chacun de ses gestes est déterminé par l'état de ses organes et par l'état de l'univers; il détermine téléologiquement ses coups de ciseau par l'idée d'une beauté à réaliser. Le chimiste ne s'objecte pas que la direction de son regard est déterminée physiologiquement; il regarde le ballon où se passe la réaction qu'il veut étudier. Mais le chimiste et le sculpteur cesseront de se sentir libres, si quelque grossier déterminisme vient s'opposer à leur effort harmonieux.

Le déterminisme est une objection gênante pour le moraliste qui appuie sa morale sur une métaphysique. Cette objection est-elle moins gênante pour le savant qui mêle sans s'en apercevoir science et métaphysique? Ne devrait-il pas, au nom de son déterminisme intolérant, condamner toute activité téléologique, son effort vers la connaissance autant que mon effort vers la sagesse?

En réalité, ni le savant, ni l'artiste, ni le sage n'ont à résoudre des difficultés qui sont exclusivement métaphysiques. Elles ne les empêchent pas de réaliser de la connaissance positive, de la beauté éthique ou de la beauté esthétique. Ils prouvent le mouvement en marchant. C'est la seule réponse que méritent d'eux les subtilités de Zénon d'Elée.

Que messieurs les métaphysiciens se débrouillent comme ils pourront avec les contradictions que l'analyse découvre aux profondeurs de toute réalité.

Donc, que l'on soit déterministe ou partisan du libre-arbitre ; qu'on cherche une formule large où déterminisme et liberté semblent s'accorder au lieu de paraître se combattre ; qu'on trouve la question frivole et sans intérêt : peu importe en dehors de la métaphysique. Nulle opinion métaphysique n'empêche l'architecte de construire la maison dans son esprit et sur le papier, n'empêche le maçon de la bâtir au pays du concret. Nulle opinion métaphysique n'empêche le mathématicien de lier un groupe de pensées en une démonstration, un groupe de démonstrations en une science. Nulle opinion métaphysique n'empêche l'artiste de s'efforcer vers l'harmonie des lignes, des couleurs ou des phrases. Nulle opinion métaphysique n'empêchera le sage de rendre harmonieuse la suite de ses gestes.

•

L'homme a dit à l'Univers ou à Dieu :

— Je t'aime, unité qui me dépasses, et je veux me perdre en toi.

L'Univers n'a pas répondu et Dieu non plus. Car peut-être Dieu n'est pas ni, au sens où l'homme prend ce mot, l'Univers. Et, si par hasard ils sont, ils sont muets. Mais les choses sont et ce que nous appelons les apparences détient peut-être toute la réalité. Ce sont elles qui parlent. Leurs paroles sont diverses et discordes. L'homme les unifie, et il les traduit selon son cœur.

Traduisant en une seule voix les voix diverses et discordes, il a cru que Dieu lui disait :

— Si tu te veux unir à moi, abandonne-moi toute puissance.

... Ou il a cru que l'Univers lui disait :

— Si tu te veux unir à moi, abandonne-moi toute puissance.

Il y a de l'amour du sacrifice dans la piété religieuse. Il y a de l'amour du sacrifice dans la piété scientifique. L'homme a sacrifié sa liberté pour épouser l'un ou l'autre des fantômes. Et l'homme a cru satisfaire sa soif d'unité qui le dépasse. Et l'homme n'a pas toujours su que sa soif d'unité qui le dépasse est une soif de servitude.

Moi, je n'embrasse exclusivement et définitivement ni un dieu ni un univers. Je possède un harem nombreux et ne sacrifie mon vouloir à aucune de mes épouses. Je couche avec tous les fantômes de toutes les divinités. Sur chaque fantôme d'univers, j'imprime un instant mon baiser. Mais je possède sans être possédé. Et je ris de mes joyeux incestes. Chaque divinité ou chaque unité que j'épouse est, je le sais, un succube sorti de moi. Dans la pénombre amoureuse du rêve, je ris aux chatouillements de changeantes voluptés. Mais, dès que j'allume ma lumière pour l'action, je vous écarte toutes avec le tonnerre du même rire, ô mes inconsistantes filles épousées. En mes bras, comme aux bras du fantôme Jupiter, Junon reste toujours, je ne l'ignore pas, un nuage. Et mes baisers métaphysiques, j'entends qu'ils demeurent stériles. Si on a l'imprudence de féconder une divinité ou un univers, les enfants qu'on lui fait, je ne l'ignore pas davantage, sont les plus dangereuses des demi-bêtes. Nuée, mon baiser qui joue t'assemble et te disperse; sa dévotion ne s'attarde jamais assez et ne se prend jamais assez au sérieux pour te permettre de verser sur la terre de l'action les néfastes centaures.

CHAPITRE VII

Les Limites de la Sagesse

La juste dignité du sage ne permet pas aux spontanéités voisines de dévorer sa spontanéité et de troubler son rythme; l'équitable modestie du sage l'empêche de nuire aux autres spontanéités humaines : il essaie parfois d'éclairer, jamais de diriger. Telle, la sagesse défend son domaine contre les envahissements des autres disciplines, et elle se garde d'envahir les autres domaines.

Parmi les emphatiques folies des morales, une des plus déplaisantes est leur besoin de tout inonder. Réclamant pour elles-mêmes tout le respect, elles sont incapables d'aucun respect. Elles ne s'arrêtent devant aucune activité désintéressée et, sans crainte de les déformer, elles exigent que l'art et la science leur soient soumis. Prétention criarde qui avoue, pour quiconque a des oreilles, quelle grande immoralité est le fond même de toute morale doministe ou serviliste. L'âpre méfiance du maître n'admet pas que rien échappe à son autorité. La lâcheté du servile réclame partout des règles et des garde-fous; son humeur paresseuse étend à toutes choses ce que Nietzsche appelle spirituellement « la science du bon sommeil ».

Autant la soumission à une métaphysique ou à une sociologie est mortelle pour l'éthique, autant l'obéissance à une morale empoisonne la science ou l'art. L'artiste dans la réalisation de son œuvre, le savant dans ses recherches n'ont pas à se préoccuper de prêcher, ou de confirmer une doctrine. Le savant observe les faits et leurs rapports; en tant que savant, il n'a pas d'autre fonction. A s'inquiéter de justifier une morale, une politique, une religion ou une cosmologie apprises, on cesse d'être un savant; on devient un avocat ou, comme on dit au pays du pire servilisme, un apologiste. On n'est plus un trouveur de vérités, mais un inventeur d'arguments. Or ce je ne sais quel Dieu qui veut qu'on soit vainqueur inspire aux raisonneurs de ce genre une mauvaise foi d'autant plus profonde que, restée d'ordinaire inconsciente, elle trompe celui qui parle avant de tromper ceux à qui il parle. La véritable sincérité scientifique est indifférente à la nature du résultat : le savant veut, quelle qu'elle soit, la vérité; il n'exige pas qu'elle soit ceci plutôt que cela, serve à ceci plutôt qu'à cela. On ne peut chercher sans chercher quelque part, c'est pourquoi il se laisse diriger par des hypothèses; mais il accueille ce qui renverse ses prévisions aussi joyeusement que ce qui les confirme.

Certes le savant peut désirer pour lui-même la beauté éthique. N'en possède-t-il pas déjà d'admirables éléments : sincérité, détachement, joyeux consentement aux persécutions? Car il a peu regardé et peu profond celui qui, dans n'importe quel ordre de recherches, n'a pas rencontré une vérité propre à le faire maudire de ses contemporains. Interroger directement la nature conduit toujours à négliger ou combattre quelque théorie régnante et on se fait d'implacables ennemis de ceux qui vivent de cette théorie. Le vrai savant soulève contre sa tranquille hardiesse tous les parasites de la science, tous ceux qui, charlatans d'église, d'université ou d'académie, se servent d'elle au lieu de la servir.

L'homme est une harmonie. Il tient à conserver sa beauté équilibrée et ne se donne pas sans quelque noble réserve même à la plus noble des passions. Le vrai savant ne permet pas à son intelligence de détruire sa sensibilité. Sacrifier une de ses puissances, c'est déséquilibrer et, à la longue, amoindrir les autres. *Savant* et *Artiste* sont des adjectifs devant quoi j'aime à sous-entendre le substantif *homme*. Pour l'homme véritable, il n'existe pas de fin qui justifie les moyens inhumains. Je puis immoler mes intérêts, ma santé, ma vie même à un but qui me paraît supérieur. La divinité la plus belle et la plus abstraite devient ignoble et orde idole si elle ose me réclamer ce qui n'est pas à moi. La vie, même la plus humble et la plus élémentaire, obtient mon respect et je ne consens pas à créer volontairement de la souffrance. Le vivisecteur est-il un savant? Quel bas instinct le pousse à cette faute de méthode de demander aux troubles de l'agonie les secrets de la vie harmonieuse? Sadique plus ou moins conscient, sa curiosité de commère ne l'a jamais conduit et ne le pouvait conduire qu'à des erreurs. Même si ce n'était pas menteusement qu'il fait valoir je ne sais quelle utilité humaine, que de paroles méprisantes j'aurais encore, en me détournant de lui comme d'un trop écœurant spectacle, à dire de lui. Remarquerais-je que l'utile est le but de l'industrie, non de la science? Je constaterais surtout que le respect de la sensibilité humaine est mille fois plus utile que les douteuses découvertes obtenues par de tels moyens. Sauver la vie de quelques hommes en détruisant dans l'homme le respect de la vie et la douce pitié, ce serait jeter un trésor pour ramasser un sou rouillé. A supposer, ce que je ne crois pas, que jamais vivisecteur m'ait apporté quelque ridicule avantage, je le comparerais au cuisinier qui, pour le rendre plus savoureux au palais de quelque ignoble gourmand, fait cuire vivant le crustacé. Il est un prix auquel je ne veux ni du plaisir ni du soulagement de mes douleurs.

L'artiste dont le but n'est pas uniquement de réaliser son rêve de beauté cesse, dans la mesure de ses préoccupations étrangères, d'être artiste. Souvent le prétendu artiste qui se targue de moralité ou d'immoralité est tourné tout entier vers son intérêt matériel. C'est un commerçant qui fabrique tel article pour telle clientèle ou c'est un politique qui veut plaire à tels détenteurs des emplois et des honneurs. Un marchand de sourires et un prostitué.

Le savant peut espérer que ses efforts aideront au progrès moral, croire que toute vérité découverte est un bien. Qu'il y ait naïveté ou non dans de telles espérances, elles ne le gêneront pas, si sa méthode, restée exclusivement scientifique, ne subit la pression d'aucune doctrine définie. Les opinions morales ou religieuses sont des étrangères qu'il faut consigner à la porte du laboratoire. Gamines indiscrètes qui, si on leur permet d'entrer, brouillent la besogne, mêlent le préjugé à la recherche et faussent toutes les conclusions.

L'artiste peut s'appliquer à dresser un héros ou un sage. Mais ce qu'il aime, en tant qu'artiste, c'est, plus que l'héroïsme ou la sagesse, leur rayonnement de beauté et leur déploiement de volonté ; ce sont les moyens extérieurs qui rendent sensibles ces lumières internes. Auprès de l'être noble, il fera ramper souvent un être infâme. S'il le réussit vrai, vivant et profond, il aura réalisé deux beautés au lieu d'une.

Il y a un philosophe sous certains grands artistes. Des vérités libératrices supportent telle tragédie d'Eschyle ou de Sophocle comme telle fable de La Fontaine ou tel drame d'Ibsen. Mais, si le poète, préoccupé de faire triompher théoriquement les personnages qui lui plaisent, prête à leurs adversaires moins de force éloquente, il cesse de faire œuvre d'art. Il tombe plus bas encore, et jusqu'à quel degré du ridicule, si, confondant tous les ordres et toutes les valeurs, il donne la victoire matérielle aux personnages « sympathiques » et s'applique, comme on dit, à « punir le vice et récompenser la vertu ».

Quand l'inquiétude philosophique, sans troubler l'architecture générale de l'œuvre ou d'un caractère, met dans la diction je ne sais quel tremblement sonore et profond, elle répand sur l'ouvrage la beauté et l'émotion d'une lumière. Dès qu'elle dirige la construction, il n'y a plus, à proprement parler, œuvre d'art; il y a ouvrage de doctrine où une certaine poésie peut trouver sa place. Mais la poésie même n'y est plus poésie; elle est éloquence ou ingéniosité.

Car on peut mettre beaucoup d'art dans un travail qui n'est pas uniquement jeu créateur, désintéressement et œuvre d'art. Les *Dialogues* de Platon sont le premier exemple qui se présente. Mais le poète, chez Platon, reste le serviteur du philosophe. (Et sans doute le serviteur le plus fidèle nous impose, au détail, un peu de son caractère et de sa volonté.) Chez Sophocle, même dans cette *Antigone* où l'on a le droit de saluer un chef-d'œuvre de l'individualisme, le philosophe reste l'aide et l'ami du poète, non son maître. Lorsque nous accordons à Platon le titre de poète, le mot ne garde plus le sens plein qui le fait sonner si magnifiquement quand il s'agit de Sophocle ou de Racine. Platon le savait, qui brûla ses tragédies. Les rythmes larges et les grandes images de Bossuet nous transportent, mais à condition que nous oubliions ce qu'ils veulent dire et où ils nous voudraient conduire. L'imagination de Bossuet n'est pas une reine; elle est belle comme, dans Homère, telle « servante aux bras blancs ». Nous regardons l'éclat des bras et leur mouvement d'harmonie : nous oublions quelle besogne servile et quelle basse obéissance règlent ces mouvements.

Je suis tenté de désirer partout l'alliance de la poésie et de la philosophie, de la grâce et de la profondeur. Mais la poésie du philosophe et la philosophie du poète doivent venir de plus profond que la volonté consciente. Elles sont alors des richesses et des libertés, non des restrictions et des chaînes. Que jamais surtout le poète ne se fasse le serviteur d'une doctrine qui ne monte pas de lui, que d'autres hommes lui ont enseignée. Il deviendrait, si l'on peut attribuer quelque qualité même négative au néant, un néant gauche.

La science et l'art sont des affranchissements.

Pendant qu'il cherche la vérité, le savant oublie les hommes, leur préjugés et leurs désirs; il oublie jusqu'aux pires ennemis de la science, science officielle, bavardage des chaires, mensonge routinier des académies. Aussi l'artiste, pendant qu'il réalise son œuvre : il oublie volontairement la mode du jour et de quelles banalités ont soif les populaces d'en haut et les populaces d'en bas, les populaces d'officiels, les populaces de réfractaires et leur noble entre-deux de policiers. La sagesse, elle aussi, est une méthode d'affranchissement : l'effort de modeler sa propre vie selon la beauté au lieu de la laisser modeler aux fantaisies voisines. Je la considère comme un art ou comme quelque chose de très voisin de l'art. Son caractère différentiel c'est qu'ici, je l'ai constaté souvent, l'artiste et l'œuvre se confondent. Le chef-d'œuvre d'Epictète ne s'appelle pas le *Manuel*, il s'appelle Epictète; le chef-d'œuvre de Spinoza c'est, plus encore que l'*Ethique*, Spinoza.

L'art et la science vraiment désintéressés sont des sagesses partielles. Ils n'ont pas à se préoccuper de morale, supérieurs qu'ils sont à toutes les morales qui les voudraient asservir. Le savant qui porterait dans tous les actes de sa vie la sincérité, le détachement et le courage scientifiques serait un héros. Il ne serait pas moins héroïque, l'artiste qui n'aimerait partout que la beauté et dont tous les gestes, dans la conduite quotidienne comme dans l'art, chercheraient l'harmonie.

Je suis heureux de n'être pas le premier à comprendre qu'il faut endiguer l'éthique. J'ai cité le mot méprisant de Louis Ménard contre ceux qui veulent « moraliser la beauté ou la vérité ». Malgré les préoccupations scientifiques qui, à mes yeux, gâtent son *Esquisse d'une morale sans obligation ni sanction*, j'aime, dans J.-M. Guyau, plusieurs déclarations analogues. Celle-ci, entre autres, qui ouvre presque le livre :

« On n'ébranle pas la vérité d'une science, par exemple de la morale, en montrant que son objet comme science est restreint. Au contraire, restreindre une science, c'est souvent lui donner un plus grand caractère de certitude : la chimie n'est qu'une alchimie restreinte aux faits observables. De même nous croyons que la morale purement scientifique doit ne pas prétendre tout embrasser et que, loin de vouloir exagérer l'étendue de son domaine, elle doit travailler elle-même à le délimiter. »

Pour se soumettre l'art et la science, les infâmes morales qui sont des méthodes de servitude détruisent, autant qu'il est en elles, science et art. Elles persécutent Galilée ou Baudelaire. La sagesse subjectiviste se garde de pénétrer aux domaines de l'activité désintéressée. Elle a encore une autre modestie qui étonnera les moralistes. Elle donne des conseils, non des ordres.

C'est un lieu commun même en dehors du kantisme que la morale se distingue de toute autre discipline en ce que ses commandements ont une autorité particulière. L'obligation fait, pour le moraliste vulgaire, partie de la définition même de la morale. Partout ailleurs il n'y a, à parler allemand, qu'impératifs hypothétiques ; ici, il y aurait impératif catégorique. Avouerai-je combien la différence me paraît artificielle ?

L'impératif moral n'est pas catégorique en fait, puisqu'on lui désobéit. Que Kant affamé et sans argent passe devant un étal de boulanger non surveillé, il entendra deux impératifs : « Prends ce pain et mange. — Ne touche pas au bien d'autrui. » Suis-je certain que le second soit le plus catégorique pour tous les affamés ? L'impératif moral est en réalité hypothétique, exactement comme tous les autres. Même l'hypothèse, ou du moins sa formule, variera singulièrement avec les individus. Dans l'exemple choisi, les deux impératifs doivent se traduire : « Si tu ne veux pas mourir, prends ce pain et mange. — Si tu veux rester honnête, respecte le bien d'autrui ». Et il est vrai que l'hypothèse reste le plus souvent sous-entendue. Mais ce n'est point là un privilège et l'hypothèse de l'impératif moral n'est pas seule occultée. La faim dit aussi très simplement : « Tu dois manger » ou « Il faut que tu manges » ou plutôt « Mange, mange ».

J'ai choisi un exemple qui, grave aux yeux de Kant, paraîtra ridicule à quelques autres. Kant, sa doctrine une fois établie, s'abstiendra de prendre le pain. Mais, si le problème concret s'était posé avant l'établissement de la doctrine?... En tous cas, pour l'homme ordinaire, ce n'est pas seulement en fait que l'impératif « Mange » sera le plus catégorique et c'est peut-être la morale qui méritera ici l'épithète de *malesuada*, mauvaise conseillère.

Personnellement, prendrai-je le pain?

Question difficile. Je ne parviens guère à créer une hypothèse à la fois suffisamment concrète et suffisamment pressante. Je ne réussis pas à m'imaginer toute autre issue fermée. Supposons cependant — ce qui n'arrive guère qu'aux dilemmes artificiels — que le dilemne soit absolu : prendre ce pain ou mourir.

Alors, que ferai-je?

En toute sincérité, je l'ignore. Cela dépendra de la puissance de mon imagination à ce moment-là. Aujourd'hui, je me représente avec une malice rieuse la découverte d'un gros mercanti qui trouve son étal allégé. Ensuite je deviens sérieux. Cette brute va soupçonner quelqu'un, tendre quelque piège à quelque innocent. Et les innocents sont faits pour se prendre aux pièges. Quelles querelles, quelles erreurs judiciaires, quels drames peuvent sortir de mon heureux larcin. Décidément, je recule devant ce déclenchement de possibles maléfices; je me déclare : Ce pain ne dépend pas de moi et me devient indifférent.

Seulement, voilà, aujourd'hui je n'ai pas faim ou je puis acheter ma nourriture. « Ventre affamé n'a pas d'oreilles. » A-t-il encore de l'imagination pour autre chose que pour sa prompte satisfaction?

Eh! bien, non. Je ne trouvais pas la solution propre à me satisfaire. Et pourtant elle est si simple. Je ne la trouvais pas parce que, comme presque tous les problèmes de casuistique, celui-ci est artificiel et mal posé. J'acceptais naïvement l'alternative : m'abstenir ou prendre en secret. Les deux procédés sont absurdes.

Ce qui me sera mille fois plus indifférent que le pain et ma vie, c'est la loi positive et la prétendue loi morale, les deux odieux et ridicules impératifs. Je prendrai le pain par nécessité physique et aussi pour manifester mon mépris de l'artifice légal et du mensonge moral. Tranquillement, — insolemment, diront les imbéciles — je le mangerai assis sur le seuil même du boulanger. Et j'attendrai en souriant quelles folles conséquences la société tirera de mon geste de sagesse.

Impératif catégorique, devoir, ah ! les mots grotesques... A qui est-ce que je dois le prétendu devoir ? Où est le créancier dont je serais le débiteur et quel bien m'a-t-il fait pour avoir le droit de me faire tant de mal ? Est-ce à moi-même que je devrais ? Est-ce moi-même qui me commanderais brutalement comme un caporal ou un maître d'esclaves ? Oh ! alors, je me remets ma dette en souriant.

Au nom de mon propre bonheur, je ne puis que me conseiller et me persuader. Mais toute autre fin me touche de moins près et, si je ne suis pas un fou, a moins d'autorité sur moi.

Quelle autre fin d'ailleurs? Le bonheur d'autrui? Sans doute, sans doute. Je lui attribue une valeur égale à celle que j'accorde au mien. La sympathie ne peut aller au delà. Il n'y a pas de raison pour que je me préfère qui que ce soit. Et je sais bien que je peux pour lui moins que pour moi, que je risque de me tromper pour lui plus que pour moi. Le conseil est plus hypothétique que tout à l'heure; il s'appuie sur un monde de suppositions. Qu'il fasse la grosse voix et me vienne tutoyer : « Tu dois », il me fera rire. Je suis de ceux qui rient souvent en lisant les bouquins philosophiques. Même, s'ils sont une de mes lectures ordinaires, c'est que je suis ami de la gaieté. Pas de la trop grosse gaieté : j'ouvre peu les ouvrages de théologie.

Des fins plus générales que le bonheur d'un homme? Oui, oui. Mais ma puissance s'y dilue, ou mon intelligence. Je ne réussis pas ce que je veux et je me pardonne parce que je ne sais plus ce que je fais. D'ailleurs, si universelle qu'on suppose une fin, dès que, comme un généreux canal d'irrigation, elle ne se divise pas en bras nombreux et en biens individuels, elle devient chimère et grimace.

Quand il est à peu près certain que je veux réaliser l'hypothèse, l'impératif prend une apparence catégorique. Le malade est censé vouloir guérir : les conseils du médecin s'appellent, comme les anciennes lois royales, des ordonnances. Un professeur de dessin, de danse ou de billard, parce que la direction de la volonté de l'élève est supposée, donne à ses conseils la forme des plus apodictiques préceptes. Les règles de l'arithmétique prennent un accent aussi impératif que les règles morales. Parce qu'on ne suppose pas que je désire faire des opérations inexactes. Quand un marchand est résolu à me tromper par un faux calcul, les règles éthiques ne le troublent pas plus que les règles mathématiques; il outrage les unes comme les autres et son mensonge les laisse aussi intactes les unes que les autres. Dans le même sens où je me sens obligé à respecter mon voisin, je me sens obligé à faire des opérations justes. Le remords moral est une inquiétude sans grande originalité, assez semblable à celle qu'éprouve le mathématicien s'il a fait un calcul erroné, l'homme du monde s'il voit brusquement dans un salon qu'il a oublié de reboutonner sa braguette, l'artiste qui découvre dans son œuvre un trait inharmonieux ou le savant qui reconnaît dans sa méthode d'observation une grave cause d'erreur.

Le moraliste trouve l'immoralité monstrueuse; le savant aussi trouve monstrueuse l'indifférence à la vérité, et l'artiste, l'indifférence à la beauté. Au vrai, ce sont eux qui sont trois beaux monstres et le commun des hommes se laisse guider à des passions un peu plus grossières et, réels ou imaginaires, à des intérêts plus vulgaires. Impératif artistique, impératif scientifique et impératif éthique sont catégoriques pour un petit nombre d'hommes qui, consciemment ou non, ont, si je puis dire, épousé à toujours l'hypothèse. Mais la nécessité intérieure de savoir, de créer ou de réaliser n'est pas commune. Les populaces d'en haut ou d'en bas ne connaissent que les nécessités biologiques, les fantaisies chatouilleuses du plaisir, de la richesse, de l'amour-propre et de la domination. Si nous consentons à reconnaître que les hommes sont en petit nombre, nous dirons que la foule ignore les seules nécessités humaines. Mais, pour les hommes véritables, il y a peut-être trois impératifs presque catégoriques au lieu d'un; les meilleurs même et les plus complets les entendent inégalement.

•

La morale se veut absolue, comme la religion et comme le prétendu « immoralisme » du surhomme. C'est que morale, religion, nietzchéisme exigent toujours — et ici le conseil ne saurait suffire — le sacrifice humain. Les bûchers de Moloch et de l'inquisition ont pu devenir internes; on me demande encore d'y brûler un homme : moi-même. Pour le purifier ou lui apprendre à se surmonter. Eh! bien, non, ce n'est jamais à moi-même, à un moi réel et concret que j'offre l'étrange sacrifice. C'est toujours à quelque « dieu inconnu ». Et, quelque nom qu'il porte, *Tu-dois* et Dieu personnel ou *Je-veux* et surhomme, en réalité, il est intérieur, et profond, et aveugle, et démentiel. Il est un des sous-hommes qui s'agitent en moi.

La sagesse veut l'homme complet et harmonieux. L'homme est cœur et esprit; le sage est l'harmonie de l'esprit et du cœur. Une harmonie ne s'obtient pas par des ordres et des brutalités. La sagessse sourit et conseille.

CHAPITRE VIII

L'Apprentissage subjectiviste

Kant, examinant les morales qu'il appelle *matérielles*, les réduit à deux espèces : eudémonismes et morales du bien. Les premières, avoue-t-il, connaissent le véritable but de l'homme. S'il les condamne, c'est comme impuissantes à indiquer les moyens efficaces et à donner des règles universelles. Quant aux secondes, elle fournissent sans doute ces fameuses règles universelles que Kant croit nécessaires. Mais à quel prix... Elles se trompent sur la vraie tendance de l'homme, qui est la recherche du bonheur.

La critique kantienne des « morales du bien » me semble définitive. Je ne puis aimer, tel qu'il est, en lui-même, pour lui-même, un objet extérieur. Il faut d'abord que je me le fasse intérieur. Les opérations préliminaires qui me le rendent aimable le transforment, l'humanisent, l'*égoïsent*, si je puis dire, autant que les opérations préliminaires qui me le rendent connaissable. Peu importe que j'aie ou non conscience de ces opérations. Ce que j'aime comme ce que je connais est en moi, a pris ma forme; mon amour n'embrasse que ma propre joie. L'image d'où elle semble jaillir est quelque chose d'intérieur, est un aspect de moi et non plus l'inaccessible dehors.

La critique de Kant, en revanche, ne me paraît point porter contre tous les eudémonismes. Cette critique adresse aux éthiques du bonheur deux reproches bien différents. Le second m'intéresse peu. Que m'importe si mon art se peut ou non formuler en préceptes universels? Mais le premier reproche, le manque d'efficacité n'est-il pas le plus grave qu'on puisse objecter à une méthode? S'il porte complètement, il ne reste qu'à chercher ailleurs ou à renoncer à toute application méthodique.

Il porte en effet, ce reproche, contre certains eudémonismes grossiers, *matériels* et objectifs. Non seulement nul objet ne donnera le bonheur à tous, mais encore le même objet ne sera pas longtemps le désir du même homme. Si j'essaie d'enfermer le bonheur dans une *matière* quelle qu'elle soit, le bonheur glisse et fuit.

Mais les eudémonismes *formels*, sagesses et subjectivismes, échappent, eux, à l'objection.

Pour l'épicurien et le stoïcien — celui-ci parle presque le langage de Kant — le bonheur est une forme que l'artiste moral donne à la matière de sa vie.

Existe-t-il une matière complètement réfractaire à son art? Peut-être. Mais cette matière est facile à rejeter et à remplacer par une autre.

L'expérience montre que les matières les plus communes, les plus pauvres, les plus malheureuses aux yeux vulgaires, sont les plus faciles à sculpter, donnent les formes les plus nobles. Socrate, Cléanthe, Spinoza vivent dans ce qu'un terrassier appellerait la misère. Si les deux premiers sont doués d'une santé d'athlète, le troisième est maladif, toujours mourant. Epictète est un esclave infirme. Tous sont arrivés au sommet du bonheur. Marc-Aurèle empereur s'est essoufflé à monter à mi-côte, jusqu'à la résignation.

Pour l'épicurien ou le stoïcien, le bonheur est l'accord, l'harmonie, l'équilibre de tout l'être intérieur. L'art qui le réalise exige trop d'autonomie pour avoir, comme les morales religieuses ou la morale kantienne, les naïves prétentions à l'universalité. Le vrai subjectiviste ne se préoccupe pas de savoir si la maxime de son action peut devenir un principe de législation universelle; ou s'il se pose cette question, c'est subsidiairement (1). Le sage est exempt de toute manie législatrice. Il sait qu'on n'impose pas le bonheur. On peut seulement (et le succès est rare) essayer d'éclairer ses voisins; les entraîner, non à écouter la parole morte et mortifère des ordres et des règles, mais à chercher en eux-mêmes, seule source de vie pour eux.

Le subjectiviste ne parle pas de devoirs. Ou bien il délivre ce mot du sens rigoureux, *catégorique*, dit l'autre, dont le chargent messieurs les moralistes.

Le subjectiviste ressemble à tous les hommes en ceci qu'il veut son propre bonheur. Il diffère de la foule en ceci qu'il sait, lui, ce qu'il veut. Et il n'a pas la naïveté de chercher le bonheur aux objets étrangers. Il veut échapper à la tristesse, à l'inquiétude, à la crainte, à toutes les douleurs profondes. Il veut arracher à la souffrance physique

---

(1) Pour reconnaître s'il veut vraiment. Le procédé est parfois commode et fait saillir la contradiction interne de certains vouloirs apparents.

son aiguillon d'appréhension et sa puissance de trouble. Il sait que le meilleur moyen d'y réussir, le seul qui réponde à toutes les attaques, c'est de fortifier sa propre indifférence. Il sait qu'on approche du bonheur par une série de réformes de soi-même. Il faut connaître, au moins pratiquement, la matière qu'on travaille et l'outil dont on se sert : le sage futur distingue deux raisons capitales de s'étudier et de se connaître lui-même.

Quel sens donnait Socrate au *Connais-toi toi-même*? Les historiens de la philosophie peuvent discuter. Le subjectiviste sent la nécessité de connaître non point son moi métaphysique, mais son moi éthique, son moi ami du bonheur, seul ouvrier du bonheur ou du malheur, support et proie du malheur ou du bonheur.

Les deux grandes écoles subjectivistes de l'antiquité semblent s'être partagé l'étude du moi éthique. Elargirai-je beaucoup le sens moderne du mot critique si je dis que l'épicurisme se ramène à une critique de la sensibilité, que le stoïcisme se ramène à une critique de la volonté?

Le bien, c'est la suppression de l'état de trouble où nous met le désir. Or le sage veut supprimer le désir sans supprimer la conscience de soi ni l'harmonieuse activité. Opération délicate, qui cependant se réussit par plusieurs moyens.

La première méthode d'affranchissement à laquelle on songe, la conquête de l'objet du désir, est la plus aléatoire et souvent la plus longue. On s'aperçoit bientôt à l'expérience que, même lorsqu'elle obtient la victoire extérieure, elle est le moyen le moins efficace. Employée régulièrement, elle aggrave chaque jour la servitude dont le subjectiviste se veut libérer. Elle nous fait désirer pour la fin mille moyens dont plusieurs sont pénibles; elle nous heurte à mille obstacles, renouvelle de mille façons l'inquiétude que nous fuyons. L'objet premier est-il enfin atteint, le retard l'a dépouillé de son charme ou sa fraîcheur devient vite entre nos mains tiédeur indifférente. Autre chose, c'est autre chose maintenant que réclame la vague immensité de notre vague appétit. Si, par grand hasard, l'objet continue de plaire, la crainte de le perdre tourmente notre cœur. Et toujours on s'aperçoit que la conquête excite l'appétit au lieu de le rassasier. Le pauvre bien, considéré tout à l'heure comme un but et un couronnement, n'est plus qu'un moyen de conquêtes nouvelles. Comme ce point de la route, là, devant moi, où se ferme l'horizon, le désir non encore satisfait semble la limite du monde; l'horizon reculera, si j'avance. Le sage n'est plus le naïf qui court vers le ciel. J'ai admiré par quels degrés savants s'affranchit Epicure. J'aime sa distinction entre les besoins naturels et nécessaires comme la faim et la soif, et les besoins artificiels. Les premiers sont limités et généralement faciles à satisfaire. Ma faim, si je l'écoute seule, cesse de crier, après que je lui ai accordé une quantité d'aliments qui n'est pas considérable, et elle se contente des nourritures les plus communes. Ma soif se réjouit à la fontaine ou à la cruche. Les besoins artificiels, au contraire, sont ceux dont nous avons vu fuir les limites et qui, à mesure qu'on tente de les remplir, s'élargissent. Il les faut tuer en leur refusant tout. Mais à quel signe les reconnaître?

Le besoin naturel et nécessaire a pour premier caractère d'être commun à tous les vivants, de n'avoir rien de social ni même de particulièrement humain. La discipline épicurienne aura donc pour premier résultat de m'affranchir des servitudes humaines, de toutes les folies dont les animaux sont exempts.

Le sage épicurien ne reste pas devant le plaisir l'égal des animaux. Il devient plus libre par un renoncement plus grand. Il discerne bientôt des besoins naturels et non nécessaires (l'instinct de reproduction, par exemple) dont l'animal reste l'esclave. L'épicurien se délivre de leur tyrannie, leur accorde, quand ils n'exigent nul effort, de souriants apaisements; les écarte avec le même sourire s'ils ont la prétention de le troubler ou de le surmener.

Sa doctrine semble revêtir, à ce moment, un aspect étroit, timide, comme frileux. L'épicurien serait-il donc semblable aux *Trolls* d'Ibsen qui s'enferment en eux-mêmes pour y mener on ne sait quelle vie souterraine?...

Par l'amitié, l'épicurien échappe à cet égoïsme triste et moisissant. Dans l'antiquité, les couples d'amis les plus célèbres appartiennent à l'épicurisme. Les sculpteurs, fidèles au sentiment qui unit indénouablement les deux hommes, représentent presque toujours Epicure et Métrodore en statues géminées. Dans les temps modernes, l'amitié semble rester la seule passion dont soit capable l'épicurien Montaigne et la virile affection qui unit Saint-Evremont à Ninon de Lenclos est peut-être leur grande noblesse. La différence capitale entre l'amitié et les affections dont l'épicurien se délivre, c'est que l'amitié est œuvre d'élection. Le sage aime un être harmonieux comme lui. Montaigne a choisi dans La Boétie un esprit affranchi des servitudes volontaires; il a fait de Mlle de Gournay sa fille d'alliance parce qu'elle était vaillante et d'âme libre. Il n'avait pas choisi les « deux ou trois enfants » qu'il perdit en nourrice « sinon sans regret, du moins sans fascherie ». Si Marc-Aurèle avait été assez épicurien pour mépriser la lubrique Faustine et le cruel Commode, qui le lui reprocherait? Lorsque Jésus, adoptant ses seuls disciples, repousse ses frères selon la chair et sa mère, qui donc le lui reproche?

Le choix, pourquoi ne suivrait-il point parfois la même direction que la nature? S'ils le méritent par leur noblesse, l'épicurien aime une compagne calme et douce et les enfants sortis d'elle. Epicure a pour Léontium la plus tendre affection et son testament se préoccupe des enfants de Léontium. Mais, Métrodore ayant aimé la même femme, Epicure s'était montré exempt des banales jalousies : il avait uni ses deux amis, et les enfants dont se préoccupe son testament sont de Métrodore. L'épicurien ne se refuse à rien de ce qu'il croit naturel; seulement il empêche ce qui n'est pas nécessaire de lui devenir nécessité. Il dompte et maîtrise les appétits qui, si on leur lâche la bride, risquent de piaffer le trouble et de bousculer la catastrophe.

A ce stade déjà, délivré de tous les besoins qui ne s'imposent pas au corps, l'épicurien laisse peu de prise à la fortune et à la tyrannie. Il jouit non seulement des nourritures et des boissons simples, mais encore du souvenir de tous les plaisirs passés, de la prévision des plaisirs futurs. Aux plaisirs du corps, il préfère les voluptés de l'esprit et de l'amitié, celles que nulle douleur ne limite et qui ne se bornent point au présent. L'instant est pour lui une coupe débordante de passé et d'avenir. Mais les plaisirs de l'esprit ne viennent que des plaisirs physiques, et le ventre reste toujours au centre de la doctrine. Cette doctrine m'affranchit des tyrans qui n'ont de puissance que sur mon superflu. M'affranchira-t-elle du tyran qui peut me priver de pain, enchaîner ma joyeuse liberté de mouvement, blesser et torturer mon corps, me tuer? Oui, puisqu'elle m'enseigne en souriant à ne plus craindre mort et douleur; puisque, par l'art subtil dont j'ai indiqué plus haut les grandes lignes (1) elle transmute la douleur même en plaisir.

---

(1) Voir chapitre III, pages 101 à 108, mon exposé d'ensemble sur l'épicurisme.

Mais, dira-t-on, une telle alchimie est-elle vraiment efficace?

Certes, puisque Epicure, mourant dans la plus douloureuse des maladies, était parfaitement heureux.

L'expérience personnelle m'apprend que, pour moi, aux combats un peu rudes, cette méthode ne réussit pas toujours. Dans les crises, la discipline stoïcienne s'adapte mieux soit à mon caractère, soit à mes conditions de vie. Il m'est efficace de déclarer choses indifférentes toutes celles qui ne dépendent pas de moi. Indifférentes, les douleurs attachées à la condition humaine. Indifférentes, les privations d'origine sociale. Quand les faire cesser dépendrait peut-être du lâche qui consentirait à plier et à demander grâce, j'ai la fierté de savoir que je suis de ceux dont cela ne dépend point. Je ne parviens pas d'ordinaire à changer la douleur en volupté et à m'écrier avec Epicure : « Quelles délices! » Je la transmute en orgueil. Je réussis, comme le stoïcien, à repousser l'ennemi; je ne parviens pas toujours, comme l'épicurien, à le séduire, à le domestiquer, à en faire l'animal familier qui caresse, griffes rentrées.

Certains esprits, sans doute, sont plus capables

du remède épicurien. Toutefois, si je ne me trompe, il y a ici quelque chose d'accidentel au moins autant que quelque chose de foncier. La subtile transubstantiation épicurienne me paraît n'avoir réussi qu'à des hommes de loisir; et elle me réussit dans les périodes de loisir. Le nonchaloir épicurien s'accompagne d'une certaine paresse extérieure. La littérature épicurienne est très abondante, mais nul épicurien grec n'a écrit avec originalité ou avec application. Tous répètent le maître et dans une forme négligée. Epicure lui-même s'est abandonné à une facilité qui, par la grâce de sa nature non par le mérite de son effort, reste presque toujours souple et aimable. L'ancien maître d'école de Samos a écrit ses trois cents ouvrages en maître d'école génial mais incapable de se corriger. A forcer un peu les choses, on affirmerait qu'il a pensé seulement lorsqu'il s'y est vu contraint. Son éthique est originale par nécessité : ne trouvant nulle part le refuge dont il avait besoin, ce paresseux a dû bâtir sa maison. Autant qu'il l'a pu, il a emprunté matériaux et pans de mur; par exemple, il a négligemment adopté la physique de Démocrite. Et, au détail de la recherche scientifique, il apporte une indifférence socratique. Pourvu qu'on sache que toute cause est naturelle, peu lui importe qu'on connaisse ou qu'on ignore la cause.

Pris plusieurs heures par jour par les besognes pour le pain quotidien, je suis à peu près dans la situation de l'esclave antique (1). Amoureux d'art, préoccupé de créer et d'enfermer mes créations dans une forme qui, mienne, exprime mes rêves sans flottements inutiles ni précisions blessantes, je ne m'accorde pas volontiers les longs loisirs peut-être nécessaires à telle expérience épicurienne. Au lieu de dénouer certains nœuds avec les doigts lents et subtils d'Epicure, ma hâte les tranche d'un fer stoïcien.

Si, devant la privation matérielle, l'attitude stoïcienne est la seule qui me réussisse, la douleur morale me présente des cas différents et, comme disent ces messieurs du Palais, des espèces. En face d'une déception ou d'une trahison, c'est encore la méthode d'Epictète qui me sauve. Pour la perte d'un être aimé, la douce et mélancolique discipline d'Epicure charme mieux le mal et apaise

(1) Ecrit avant ma retraite, prise fin 1921. Depuis, je multiplie davantage écritures soignées, conférences, documentations passionnées.

mieux mon cœur. Souvent, après la mort de son cher Métrodore, Epicure se promenait rêveur à travers le jardin. Des disciples lui demandaient : « Maître, désires-tu rester seul ? » Il répondait — et quelle belle lumière devait être son sourire — : « Je ne suis pas seul ; je m'entretiens avec Métrodore ». Ce culte du souvenir, cette résurrection du passé m'est chose douce et remède efficace. La réponse stoïcienne est ici trop brutale pour moi : « Il était mortel. Je n'y peux rien. Sa mort ne dépendait pas de moi et m'est indifférente ».

Ainsi j'utilise, selon les cas, la discipline d'Epicure ou celle de Zénon. Je veux un résultat et j'emploie les moyens qui ME le donnent. A chacun de s'examiner soi-même et de savoir ce qui lui réussit. Je crois que, dans une mesure qui variera, beaucoup feront une place à l'éducation épicurienne de la sensibilité, une place à l'éducation stoïcienne de la volonté. D'autres trouveront peut-être tout ce qui leur est nécessaire dans l'une des deux disciplines.

Parmi les exercices de volonté recommandés par les stoïciens et surtout par les cyniques, plusieurs me semblent transformer l'artiste moral en quelque chose de pauvre et de monastique. Ces gens-là ignorent que la grâce est nécessaire à la beauté et que tout effort inutile ou exagéré grince et grimace.

L'épicurisme suffit aux circonstances ordinaires. Au centre du jardin, j'ai dressé l'imprenable forteresse d'Epictète. Je m'y retire seulement aux heures critiques. Mais je me souviens toujours qu'elle est là et j'entretiens le chemin qui y conduit. Grâce à elle, le jardin m'est plus doux : l'ombre de la citadelle tue les germes de crainte. Mon bonheur présent ne se corrompt de nulle appréhension. Privé de pain et d'eau, le sage serait encore heureux; dans la maladie la plus douloureuse et la plus dénuée, il serait encore heureux; mourant dans les souffrances et l'ignominie, parmi les coups et les injures, il serait encore heureux. Il possède toutes les certitudes de bonheur; mais il en est qu'il convient de taire dans la vie courante pour que la proclamation ne sonne pas trop d'insolence. En dehors des épreuves qui s'imposent, les exercices intérieurs suffisent pour conduire au sommet qu'inondent certitude, joie et lumière. Les paroles quotidiennes et les gestes quotidiens seraient indiscrets qui manifesteraient théâtralement l'austérité de la pensée. Le sourire du sage n'est pas un écran et un mensonge tendus pour cacher cette austérité; il est la fleur même de la plante robuste. Tant que je ne manque pas de pain, je n'ai besoin que d'être « pauvre d'esprit ». Dans les longues périodes de rémission où nulle douleur ne hurle dans mon corps, je n'ai besoin que d'être stoïcien d'esprit. Ne serrons pas avant l'heure des lèvres qui se crisperaient ridicules; ne chargeons point d'armes notre repos; ne nous abritons pas timidement quand le ciel reste serein. Le refuge est construit. On le visite de temps à autre en souriant pour s'assurer de son bon état. Cependant, parmi les libres parfums et les libres couleurs du jardin, on vit doucement les heures douces.

La critique épicurienne de la sensibilité et la facile discipline qui en découle suffisent à me délivrer de douleurs tellement imaginaires que les animaux ne les sentent pas. Quelques-uns ont monté plus haut par ce sentier fleuri. Moi, à ce point de la côte, je prends la fière route stoïcienne. Elle m'élève, pour les rares combats humains, au-dessus de la sagesse instinctive des animaux.

Après que la critique de Kant eut écarté tout moyen de créer la métaphysique par la raison pure, le positivisme d'Auguste Comte, afin de tourner entière la puissance intellectuelle vers la construction des sciences, renonça aux recherches métaphysiques. Qu'on me permette d'étendre au genre le nom que Comte réserve à une espèce. J'appelle *positivisme* tout renoncement à ce qui ne dépend pas de moi dans le but de réaliser plus pleinement ce qui dépend de moi. Qu'on me permette d'appeler *positivismes* tous les criticismes pratiques. Le criticisme moral, c'est l'obéissance au *Connais-toi toi-même*. De même que les disciples de Comte distinguent pratiquement entre le connaissable et l'inconnaissable, entre ce que ma raison peut atteindre et ce qui lui échappe : le stoïcien distingue pratiquement le possible et l'impossible. Il établit les limites de ma volonté, m'enseigne à renoncer à ce qui ne dépend pas de moi, à me le rendre indifférent et à porter toutes mes forces vers ce qui dépend de moi. Au sens plus général et moins historique où je prends le mot *positivisme*, le stoïcisme est le positivisme de la volonté.

Les seules choses qui dépendent de moi — le Portique me l'a enseigné — ce sont mes opinions, mes désirs, mes inclinations, mes aversions, en un mot toutes mes actions intérieures. Ce qui ne dépend pas de moi, ce ne sont pas seulement ces richesses, ces honneurs, cette réputation que l'épicurisme m'apprit à mépriser. C'est aussi mon corps lui-même. Les choses qui dépendent de moi, dit Epictète, sont libres par nature, rien ne peut les arrêter ni leur faire obstacle. Les choses qui ne dépendent pas de moi sont faibles, esclaves, sujettes à mille difficultés et à mille inconvénients. Le stoïcien, par un acte de volonté, appelle indifférentes toutes les choses qui ne dépendent pas de lui. Elles ne sont ni de vrais biens ni de vrais maux et, si je les prends pour des biens ou pour des maux, je trouve partout des obstacles, je suis affligé et troublé, je me plains des choses et des hommes. Surtout, je deviens esclave du désir et de la crainte.

Pour s'affranchir complètement, il faut arriver à penser comme Epictète. Evitons cependant certaine façon étroite de comprendre les positivismes. Mon positivisme rationaliste ne m'empêche pas de jouir des poèmes et des rêveries métaphysiques, ne m'induit pas à prendre les limites de l'affirmation scientifique pour les limites de la pensée. C'est seulement quand je dois affirmer que je fais appel à mon éducation positiviste. Son stoïcisme n'empêche pas Spinoza de goûter les faciles jouissances épicuriennes et peut-être même, quand il fume sa pipe, de dépasser en souriant leurs limites. Positivisme et stoïcisme sont les imprenables citadelles intérieures où je veux être sûr de pouvoir me réfugier aux heures dangereuses, hors desquelles je me promène librement dans le calme. Ainsi l'épicurisme, qui dans la période préparatoire est un premier degré montant vers le stoïcisme, devient ensuite le lieu ordinaire de ma vie. Mais, si je ne me fatigue pas à garder quand rien ne menace une attitude héroïque et à traîner une lourde armure, je ne l'oublie pas cependant : pour que ma vie soit, aux circonstances nécessaires, héroïque sans effort ni défaillance, il faut que, sous le discret sourire de la parole, la pensée reste toujours héroïque.

L'éthique subjectiviste, éthique de la sagesse et non du devoir, éthique tout autonome qui me fait chercher en moi-même mon but et mes moyens, est une méthode d'affranchissement et de paix intérieure. Je l'aime parce qu'elle me délivre de tous les maux. Elle me libère du dehors et des servitudes. Elle m'épargne la douleur du chaos intellectuel. Elle m'arrache enfin à l'odieuse inharmonie entre ma pensée et ma vie. Elle appelle vertu mon effort pour réaliser de mieux en mieux mon harmonie personnelle; elle appelle bonheur cette harmonie réalisée; elle appelle joie le sentiment de chacune de mes victoires successives, le sentiment, dit Spinoza, du passage d'une perfection moins grande à une perfection plus grande.

La suite de cet ouvrage paraîtra dans quelques mois sous le titre LE RIRE DU SAGE.

Achevé d'imprimer le 15 Avril 1928, sur les presses de M. Robert Chiot, Maitre-Imprimeur a Joigny (Yonne).

www.ingramcontent.com/pod-product-compliance
Ingram Content Group UK Ltd.
Pitfield, Milton Keynes, MK11 3LW, UK
UKHW022054260726
13993UKWH00001B/109